隠された〝日米最強決戦〟の真実

パラオ諸島
ペリリュー島

守備隊長 中川州《くに》男《お》大佐の霊言

RYUHO OKAWA
大川隆法

まえがき

今年二〇一五年、戦後七〇周年を迎える。おそらくその意義について、賛否両論の議論が百出《ひゃくしゅつ》することだろう。この四月には、今上《きんじょう》天皇もパラオに慰霊の旅をなされるご予定とのことなので、「ペリリュー島の戦い」についても、色々とマスコミ報道されることだろう。

もし大戦中に、ペリリュー島での〝日米最強決戦〟が、アメリカのマスコミで正確に、公正に報道されていたら、軍資金集めで苦しんでいた米国は、一気に厭《えん》戦《せん》気分が盛り上がり、何らかの終戦工作が始まっていた可能性は高い。そして歴史に〝ＩＦ《イフ》〟はないけれども、朝鮮戦争や、ベトナム戦争、イラク戦争もあるいはなかったかもしれない。米ソの冷戦や、毛沢東《もうたくとう》革命による、巨大共産主義先軍国家も成立しなかったかもしれない。

ペリリュー島での戦いは、明らかに日本の防衛戦争であった。そして当時の日本にも、かつての楠木正成公《くすのきまさしげこう》のような名将がいたことを、多くの日本人に知ってもらいたいと思う。

二〇一五年　三月三日

幸福《こうふく》の科学《かがく》グループ創始者兼総裁《そうししゃけんそうさい》　大川隆法《おおかわりゅうほう》

パラオ諸島ペリリュー島守備隊長　中川州男大佐の霊言　目次

パラオ諸島ペリリュー島守備隊長　中川州男《なかがわくにお》大佐《たいさ》の霊言《れいげん》

――隠《かく》された〝日米最強決戦〟の真実――

二〇一五年二月二十四日　収録
東京都・幸福の科学総合本部にて

2　中川大佐が語るペリリュー戦の真実　41

「霊言《れいげん》現象」とは、あの世の霊存在の言葉を語り下ろす現象のことをいう。これは高度な悟《さと》りを開いた者に特有のものであり、「霊媒《れいばい》現象」（トランス状態になって意識を失い、霊が一方的にしゃべる現象）とは異なる。

なお、「霊言」は、あくまでも霊人の意見であり、幸福の科学グループとしての見解と矛盾《むじゅん》する内容を含《ふく》む場合がある点、付記しておきたい。

パラオ諸島ペリリュー島守備隊長
中《なか》川《がわ》州《くに》男《お》大《たい》佐《さ》の霊《れい》言《げん》

――隠《かく》された〝日米最強決戦〟の真実――

二〇一五年二月二十四日　収録

東京都・幸福の科学総合本部にて

中川州男《なかがわくにお》（一八九八〜一九四四）

軍人。最終階級は大日本帝国《ていこく》陸軍中将（死後に二階級特進）。熊本《くまもと》県出身。陸軍士官学校卒業後、陸軍歩兵少尉《しょうい》に任官。歩兵連隊大隊長等を歴任後、陸軍大学校専科に学び、のち陸軍大佐《たいさ》へと昇進《しょうしん》。歩兵第二連隊長となる。同所属の第十四師団がパラオ諸島に配置され、ペリリュー島守備隊長に就任。全島を要塞《ようさい》化し、同島への上陸を企《くわだ》てた米軍の戦力を削《そ》ぐ徹底抗戦《てっていこうせん》を二カ月半にわたって継続《けいぞく》し、大打撃《だいだげき》を与《あた》えた。

質問者　里村英一《さとむらえいいち》（幸福の科学専務理事〔広報・マーケティング企画《きかく》担当〕）

綾織次郎《あやおりじろう》（幸福の科学上級理事 兼《けん》「ザ・リバティ」編集長）

及川幸久《おいかわゆきひさ》（幸福実現党外務局長）

［質問順。役職は収録時点のもの］

1　米軍最強の海兵師団を〝全滅《ぜんめつ》〟させた名将・中川大佐《なかがわたいさ》を招霊《しょうれい》する

戦後七十年で改めて見直されている「ペリリュー島の戦い」

大川隆法　今年（二〇一五年）は「戦後七十周年」なので、何かと、先の大戦についてのニュースや記事等が書かれたものも多くなるし、番組も増えてくるだろうと思われます。

それに関しては、幸福の科学でも、過去にさまざまな霊言《れいげん》を出しており、例えば、「東條英機《とうじょうひでき》の霊言」や「アイリス・チャンの霊言」等、けっこうインパクトの大きなものもありました（『公開霊言　東條英機、「大東亜《だいとうあ》戦争の真実」を語る』（幸福実現党刊）、『「首相公邸《こうてい》の幽霊《ゆうれい》」の正体――東條英機・近衛《このえ》文麿《ふみまろ》・廣田《ひろた》弘毅《こうき》、日本を叱《しか》る！――』『天に誓《ちか》って「南京大虐殺《ナンキンだいぎゃくさつ》」はあったのか――『ザ・レイプ・オブ・南京』著者アイリス・チャンの霊言――』（共に幸福の科学出版刊）参照）。

今日は、パラオ諸島のペリリュー島のことについて取り上げる予定ですが、今年の四月八、九日に、天皇陛下《へいか》がパラオ共和国への慰霊《いれい》の旅をご計画されているとのことですので、非常に注目されるところかと考えています。

ただ、ペリリュー島に関しては、知らない日本人のほうが多いかもしれません。例えば、●西部邁《にしべすすむ》氏の

『天に誓って「南京大虐殺」はあったのか』（幸福の科学出版）

『「首相公邸の幽霊」の正体』（幸福の科学出版）

『公開霊言 東條英機、「大東亜戦争の真実」を語る』（幸福実現党）

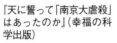

ような人であっても、十年ほど前に、「六十六歳《さい》まで生きてきて、ペリリュー島を知らなかった」と書いていました。それによれば、「ペリリュー島墓参団《ぼさんだん》に参加しないか」と誘《さそ》われたとき、「それは何ですか。参考になるものを持ってきてください」と頼《たの》んで四冊ほど本を読み、初めて知ったとのことです。

それほど知られていなかったようなのです。それには、要するに、アメリカのほうが情報管制を敷《し》いていたということもあったかと思われます。

七十年前、日米の死闘《しとう》の場となった太平洋の〝小さな楽園〟

大川隆法　パラオのペリリュー島の位置は、地図上ではフィリピンの南東方向に当たり、一周グルッと回っても二十数キロという本当に小さな島です。

かつて、日本軍にフィリピンから追いやられたマッカーサーは、「アイ・シャル・リターン」（私は戻《もど》ってくる）と言ってオーストラリアに逃《に》げたわけですが、

●西部邁（1939～）　日本の評論家、思想家。雑誌『表現者』顧問、元東京大学教養学部教授。

ペリリュー島は、その後のフィリピン奪還《だっかん》作戦で、もう一回島を取ろうとして上陸したレイテ島の近くにあります。

ペリリュー島には、当時、「東洋一」ともいわれた大きさの飛行場が日本軍によってつくられ、数百機もの戦闘機《せんとうき》を置くことができました。そのため、もし、マッカーサーがフィリピンに再上陸するにしても、ここから空爆《くうばく》をかけられたりすると困るということもあり、ニミッツ提督《ていとく》も、「フィリピンに上《のぼ》る前に、まず、ここを落とさなければならないのではないか。ここを落としてからレイテ島に上ろう」と考えたわけです。

ペリリュー飛行場（Peleliu Airfield）　第二次世界大戦中に日本軍が建設。1944年のペリリュー島の戦いで、アメリカ海軍が占領する。東西南北の十字に滑走路が走り、現在でも利用されている。

そういうことで、太平洋の〝小さな楽園〟とも言えるようなこの小さな島が、日米間のものすごい死闘の戦場になったのです。

今、ドキュメンタリーやドラマで脚光《きゃっこう》を浴びるペリリュー島

大川隆法　パラオには本島のほかに幾《いく》つかの島があり、ペリリュー島は本島から離《はな》れたところにある小さな島です。周囲はほとんど珊《さん》瑚《ご》礁《しょう》でできたコンクリートの塊《かたまり》のような島で、川一つ流れていなくて、一カ所だけしかない湧《わ》き水の場所を日本軍は死守していましたが、米軍に奪還《だっかん》され、水がなくなっていきます。

ここを攻《せ》めたのはアメリカ第一海兵師団で

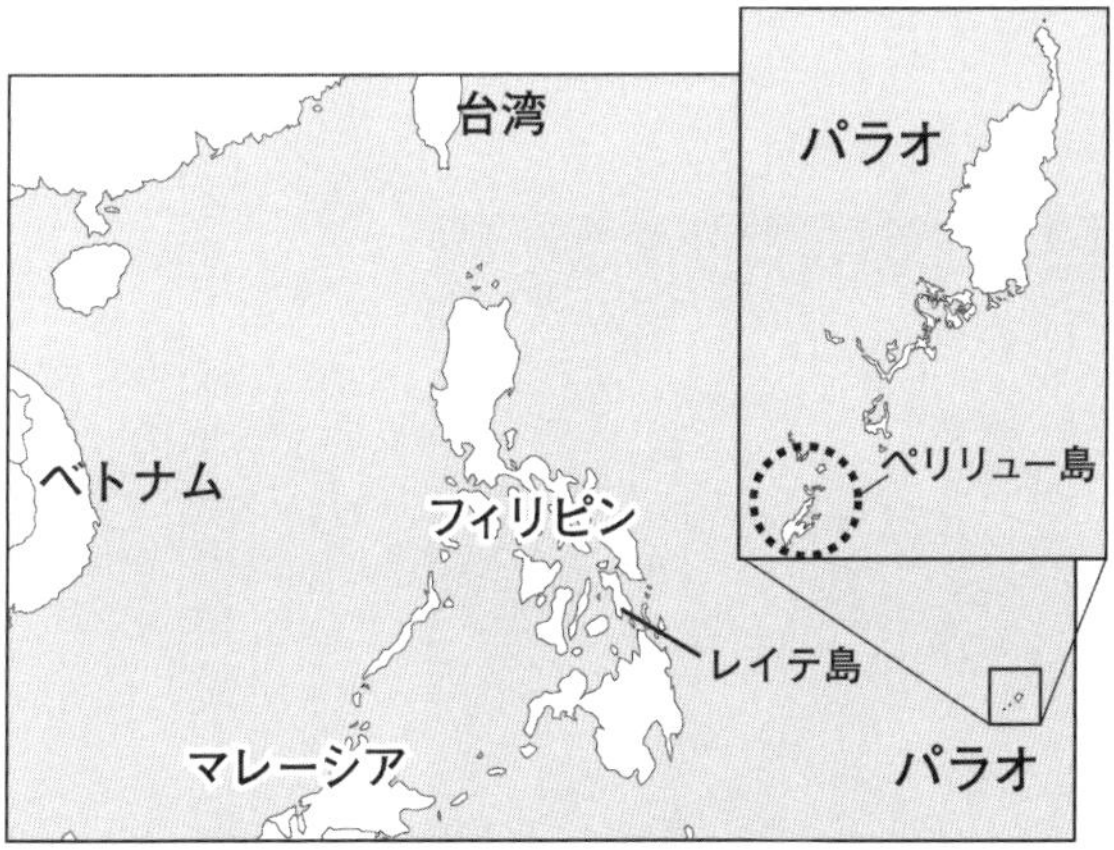

ペリリュー島（Peleliu Island）　パラオ諸島南西に位置している。島内には、現在でも戦車やヘルメット等が点在するが、ナパーム弾で焼失した植生は再生し、美しい観光地となっている。

した。その前にはガダルカナル島を攻略《こうりゃく》して陥落《かんらく》させ、「アメリカ海軍で最も勇《ゆう》猛《もう》」ということで評判の師団であり、ガダルカナルを落として意気も上がった勢いで、一気に踏《ふ》み潰《つぶ》そうとしてきたのです。

当時、アメリカは海兵隊の活躍《かつやく》するシーンを撮《と》ろうと、カメラマンを十八人連れてきていたのですが、アメリカの国立公文書館や基地の地下倉庫に保管されていたその映像を、去年、ＮＨＫのドキュメンタリー番組（二〇一四年八月十三日放送「狂気《きょうき》の戦場ペリリュー〜〝忘れられた島〟の記録〜」）で報道していました。

ＮＨＫは番組のなかで、隠《かく》されていたその秘蔵映像をつなぎ合わせて出したり、生き残っている人の

「狂気の戦場 ペリリュー〜“忘れられた島”の記録〜」（2014 年 8 月 13 日放送 NHK スペシャル）　戦地に赴いた 18 人のアメリカ人カメラマンのうち、ただ 1 人生き残ったカメラマンや、生還した日本兵のインタビュー等が放送された。

インタビューも入れたりしながら、それが、「いかに狂気を呼ぶ戦場であり、悲《ひ》惨《さん》な戦争であったか」というようなことを伝えていました。

また、昨年八月十五日の終戦記念日には、戦後七十周年を前に、フジテレビが、このペリリュー島の中川州男《なかがわくにお》守備隊長を主役にした物語（終戦記念スペシャルドラマ「命ある限り戦え、そして生き抜《ぬ》くんだ」）を放映しました。番組の前後に池《いけ》上《がみ》彰《あきら》氏が解説をなされていたと思います。

そこでは非常に立派な隊長として描かれていましたし、また、パラオの本島で芸者をしていた若い女性も一人、兵士に紛《まぎ》れ込《こ》み、戦ったという話も描かれていて、〝ペリリューのジャンヌ・ダルク〟といわれたということが取り上げられていました。

終戦記念スペシャルドラマ「命ある限り戦え、そして生き抜くんだ」（2014年8月15日放送／フジテレビ）

日米の最強部隊が激突《げきとつ》した戦場で起きたことを再検証する

大川隆法　では、なぜ、それほどまでにペリリュー島が注目されるのでしょうか。

先ほど述べたとおり、アメリカの第一海兵師団は、ガダルカナルも落とし、「アメリカ海軍最強」といわれる海兵隊でしたが、また日本のほうも、中国大陸で零下《れいか》二十度にもなるようなところにいた関東軍の第十四師団（司令部・宇都《うつの》宮《みや》）の水戸《みと》と高崎《たかさき》の連隊等を再編成したものであり、実はこちらも「最強」といわれていた師団でした。奇《く》しくも、この小さな島で、「アメリカ最強の海兵隊」と「日本最強の陸軍師団」という日米の最強部隊が激突《げきとつ》したわけです。

その結果は、アメリカの読みが最も大きく外れた戦いとなり、「ルーズベルトの悔《く》い」ともいわれ、終戦までこれが秘《ひ》されていたようです。

ガダルカナル島まで落としてきたアメリカ軍としては、「今までの戦いからすると、日本軍は、だいたいが水際《みずぎわ》作戦で、海岸線で敵の上陸を食い止めるために攻撃《こうげき》してくるが、最後は『バンザイ突撃』をして玉砕《ぎょくさい》するだろう」と思っていたようです。

また、アメリカが合計四万八千人の部隊だったのに対し、中川大佐《たいさ》が守備隊長として率いる部隊は一万一千人ぐらいでした。そのため、アメリカの師団長（ウィリアム・ルパータス少将《しょうしょう》）などは、「まあ、二、三日もあれば落ちるだろう」という意見であり、米兵たちにもそういう楽観ムードが漂《ただよ》っていたようです。「三日と言うけれども、もしかしたら午前中で終わってしまうのではないか」「午後にはその浜辺《はまべ》でバーベキューをやっているかもしれない」というぐらい、向こうも安心し切っていたといいます。

それというのも、すでに上陸の一週間以上前から島への空襲《くうしゅう》等も始まっていたからです。特に、三日前からは、艦隊《かんたい》からの艦砲《かんぽう》射撃によって、この小さな島に何十万トンもの砲弾《ほうだん》が撃《う》ち尽《つ》くされ、島は草木《くさき》もなくなるぐらいのはげ山になってしまい、「もう生きている人はいないだろう」と思われるほどの攻撃を受けていました。

そのため、「これなら、生き残っている日本軍はほとんどいないのではないか。アメリカ軍の死者は、最大で見積もっても二百人ぐらいで済むのではないか」という状態での上陸だったわけです。

それでも、いちおうは用心して、輸送部隊の艦が海岸線から二キロぐらいまで来たところで、そこからさらに上陸用の小さな舟艇《しゅうてい》を出しています。水陸両用の海兵隊特有の舟艇で島に上がってくるわけです。

LST（戦車揚陸艦）からLVT（水陸両用装軌車）に乗って、
ペリリュー島の海岸に向かう海兵隊。

ちなみに、このペリリュー島の戦いについては、二〇一〇年にアメリカで、製作総指揮（エグゼクティブプロデューサー）がスピルバーグ、トム・ハンクス等でつくられたテレビ番組「ザ・パシフィック」があります。全十話のうちの中盤《ちゅうばん》の三話がペリリュー島の戦いに割《さ》かれていて、それで広く知られるようになったようです。

アメリカは四万人以上の軍隊で行《い》ったわけですが、すでに爆撃も一通《ひととお》り終わっていたので、第一波として、最強の海兵隊数千人で上陸しました。

上陸段階に砲撃等でだいぶやられたのは事実ですけれども、簡単に終わると思ったところが、そ

〈左〉「ザ・パシフィック」（THE PACIFIC ／ 2010 年放送／製作総指揮：スティーヴン・スピルバーグ、トム・ハンクス他）
〈右〉隊をなして上陸に向かうアメリカ軍

うはいきませんでした。

日本が、「敵を水際で食い止め、最後は『バンザイ突撃』をする」という従来のスタイルを改めて、珊瑚礁《さんごしょう》でできたこの島の五百もの洞窟《どうくつ》をつなぎ合わせ、全島を地下要塞化《ようさいか》し、「とにかく一日でも長く戦う」というように変えたのです。

もちろん、中川大佐以下、全員が玉砕の覚悟《かくご》でいたわけですが、「勝手な玉砕はするな。一日でも長く戦うことが、日本の親きょうだい、家族を守ることになるし、アメリカの戦意を削《そ》ぐことになるのだ。『それほど簡単に、日本本土を攻めるところまではいけないのだ』という面を見せなければならない」というように、従来とは違《ちが》い、「一日でも長く戦え。最後の最後まで戦え」というものだったようです。

この戦いが、その後の「硫黄島《いおうとう》での戦い」や「沖縄戦《おきなわせん》」につながっていくわけですが、「この戦いに意味があったのかどうか」ということについての検証をしなければいけないでしょう。

　実際は、その一万人余りの日本の守備隊もほぼ全滅《ぜんめつ》し、ある意味では焦熱地獄《しょうねつじごく》と化したわけです。したがって、そういうことは、「戦争絶対悪」という観点から見れば悪なのかどうか。

　その一方では、アメリカも日本と同じか、それを上回るほどの死傷者を出しています（注。日本側戦死一万六百九十五名、アメリカ側戦死●二千三百三十六名、戦傷八千四百五十名、このほかに精神異常をきたした者が数千名いた）。この戦いは、アメリカにとっても「神のための戦い」だったでしょうし、日本としても、日本の神様を祀《まつ》っていたように、「日本の国を護《まも》り、国民を護るための戦い」だったでしょう。

　そのなかで、正義というのはどこにあったのか。あるいは、戦いを長引かせて被害《ひがい》を大きくしたことは正しかったのか。あるいは、あっさりと降参したほうが

●アメリカ側の被害は、戦死1794名、戦傷8010名という説もある。

よかったのか。

そのように、考えられる諸論点はいろいろあると思います。

この島での戦いに対しては、「よく頑張《がんば》っている」ということで、天皇陛下から激励《げきれい》の御嘉賞《ごかしょう》（ほめ称《たた》えること）の電報が十一回も送られたようであり、そのことが当時の新聞の一面にも載《の》りました。

珊瑚礁《さんごしょう》の洞窟《どうくつ》を掘《ほ》り、長期戦に持ち込《こ》んだ日本軍

大川隆法　先述のように、まずアメリカの海兵隊は、従来と同じ戦い方で楽勝で行けると考えたのだと思います。
ところが、最初に上陸した海兵隊は、九千名とも一万名とも言われていますが、最終的に、このうちの約六千五百人が日本軍に殺傷されているのです。これは驚《おどろ》くべきことでしょう。

海兵隊等であれば、だいたい六割が損傷、損害を受けた場合、ほぼ「全滅」と報告されることになっていますが、最強といわれたアメリカの第一海兵師団はほぼ壊滅《かいめつ》状態、全滅したわけです。

ただ、負傷兵は、海のほうに浮《う》かんでいる四隻《せき》の病院船に収容され、生き残った人も収容されて、その後、増援《ぞうえん》部隊が送られ、次々と上陸していきました。

ともかく、アメリカのほうは二、三日で終わると思ったのでしょうが、日本軍は最初から長期戦、持久戦を考えており、洞窟《どうくつ》をつないで陣地《じんち》を築き、最後まで抵抗《ていこう》していたのです。

その洞窟は、入り口から砲弾を撃ち込《こ》まれても、なかにいる人が全滅しないように、例えば、なかに入ると、グルッと回って反対側の洞窟に出られるようになっていて、非常に入り組んだつくり方をされていました。

ただ、硬《かた》い岩だったために掘《ほ》るのも大変であって、一日二十センチぐらいしか掘れないという状況《じょうきょう》が続くような厳しい環境《かんきょう》ではあったものの、その陣地を〝ツルハシ一つ〟で掘ったらしいのです。

中川大佐がその陣地を築くに当たっては、仲間から、「こんな戦い方はない。これでは〝モグラ作戦〟だ。地下に潜《もぐ》って地上にいる敵を討《う》つなんて、日本軍の戦いでない」というような批判をそうとう受けたと聞いています。

最後の電文を送ったあと、中川大佐《たいさ》はどのように散ったのか

大川隆法　そういうことで、アメリカ軍から三日ほどの艦砲《かんぽう》射撃が続いたあと、一九四四年の九月十五日に上陸が開始され、戦いは十一月まで続きました。

書かれたものによって違うのですが、七十一日戦ったとも、七十三日、七十四日戦ったとも言われています。また、フジテレビのドラマでは七十七日と言っていました。

いずれにしても、七十数日間の戦いが続いたあと、中川大佐《たいさ》は、「サクラ、サクラ、サクラ」という最後の電文を打たせて、おそらく自決したのではないかと言われています。

これについては異説もあり、「発狂したようになって『投降《とうこう》する』と言ったため、味方の参謀《さんぼう》に殺された」という説も流されているようです。

ただ、これは、実際にその島にいた人ではなく、別の島にいた人が聞いたという話であり、伝聞《でんぶん》情報としてそのように言われている場合もあるのでしょう。

また、「自決した」という説もあれば、「発狂して死んだ」という説もあって、いろいろあるのです。それを見た人はいないので分かりませんし、遺体も見つかっていないのだろうと思いますが、おそらく、あれだけ用意周到《しゅうとう》な方であるので、最後の戦いで弾薬や食料などがほとんど尽きて、自決されたのではないかとは思います。

あるいは、「最後は、守備隊長である大佐自らが、白刃《はくじん》を閃《ひらめ》かせて、日本刀でもって斬《き》り込んで散った」という説もありますが、このあたりについてはよく分かりません。

米軍に本土上陸を思い止《とど》まらせた日本軍のしぶとい戦い方

大川隆法　とにかく、二、三日で終わると思った戦いに七十数日もかかり、結局、マッカーサーは、これを落としてからレイテ島に行くのではなく、途中《とちゅう》で諦《あきら》めて、先にレイテ島に上陸してしまいました。したがって、この島での戦いは、戦略的にはまったく意味がなくなったのですけれども、「途中で引き下がれば、『アメリカ軍が撤退《てったい》した』ということで、日本軍の宣伝に使われる。いったんやりかけた戦いをやめられない」ということで、戦い続けたわけです。

日本軍は、このような戦い方に変わっていき、硫黄島でも四十日近く、戦っています。

　これは別の話になりますが、硫黄島の戦いでは、「六人のアメリカ兵士が星条旗《せいじょうき》を立てている一枚の写真」が有名です。それが各新聞を飾《かざ》って、硫黄島を四日で占領《せんりょう》したように報じましたが、六人のうち三人は、その後の戦闘で殺されており、それについては仲間に殺されたという説まであります。

　実は、その後、戦いは三十数日続いていたため、実際はまだ占領していたわけではないのですが、アメリカが勝ったように間違った報道がなされたのです。

　そのように、日本軍は非常にしぶとい戦いをし始めました。

硫黄島の戦いにおいて、日本軍との戦闘中、米軍は摺鉢山《すりばちやま》に星条旗を立てた（1945年2月23日）。

ある人の説によれば、「ペリリュー島や硫黄島、沖縄本島での戦いが、アメリカ軍をして恐怖《きょうふ》せしめた。もし本土上陸戦をした場合、『アメリカの若者が、百万人は死ぬ』のを覚悟しなければいけないので、そのようにならないところで戦争を止《や》めた。無条件降伏《こうふく》と言いつつも、実際は天皇制が維持《いじ》されて、〝条件付き降伏〟になったのは、実はこうした戦いがあったからだ」ということでもあります。

この霊言《れいげん》を通して「戦争とは何であるか」を探究したい

大川隆法　今上《きんじょう》天皇も八十一歳になられ、今年、ペリリュー島へ行かれるようです。「天皇陛下の島」として有名な島であるので、「亡《な》くなる前に、慰霊や遺骨の収集に一度は行かなければいけない」という強い使命感を持っておられるのではないでしょうか。硫黄島のほうへはすでに行っておられますが、そういう気持ちがあるのだと思うのです。

そこで、今日は、それに先立ちまして、今がよい時期かと思いますので、中川大佐の霊言《れいげん》を収録し、これを観《み》ていただきたいと考えています。本にもなると思いますので、あるいは天皇陛下にお読みいただけることになるかもしれません。

また、この霊言は、当会での慰霊《いれい》に当たることになるでしょう。

亡くなられたあと、二階級特進で中将になっておられますけれども、戦後の日本や、これから安倍《あべ》政権が向かっていこうとしている方向、幸福実現党が述べていること等について感想をお訊《き》きしたいと思います。また、中国等の拡張路線もあれば、アメリカのいろいろな戦争もあります。あるいは、「国を護《まも》る」ということはどういうことなのか。悲惨すぎるので戦争は絶対避《さ》けるべきものなのか。一万人以上亡くなった戦場は火炎《かえん》地獄と化して、いまだにみんな苦しんでいるのか。靖国《やすくに》に辿《たど》り着いていているのか。どのようになったのか。

いろいろありますが、このようなことについてお訊きし、「戦争とは何であるか」ということを探究してみたいと思います。（戦争に）善悪があるのか、善悪を超《こ》えたものであるのか。このあたりですね。

また、（中川大佐は）名将であろうとは思うのですが、やはり、部下と共に全滅したということであれば、何らかの責任が生じているのか。そうではないかたちになっているのか。

まだ直接お呼びしていないので分かりませんが、このあたりは、本日、初めての公開ということになります。

そして、靖国で慰霊するということの意味は、どうであったのか。さらに、天皇陛下が一生懸命《いっしょうけんめい》、打電され励《はげ》まされていたというこ

ニミッツ提督（Chester William Nimitz 1885 ～ 1966）
第二次世界大戦中のアメリカ太平洋艦隊司令長官および連合国軍の中部太平洋方面の陸海空３軍の最高司令官として日本軍と戦った。

とに対して、どのように思っておられるのか。このあたりも知ってみたいと考えています。

ペリリュー島の戦いは、アメリカの名将であるニミッツ提督の「唯一《ゆいいつ》の失敗」ともいわれている戦いでありますので、（中川大佐は）●真田幸村《さなだゆきむら》のような戦い方をなされたのでしょう。

実際上、戦って勝てる相手ではない、四万人余りの軍隊に攻められて、戦闘機もなく、戦車も簡単に撃ち破られるような戦車しかなく、食料もなく、武器もなくなっていったなかで粘《ねば》った方々は、どのように評価されるべきであるのか。これを知りたいのです。

戦後、アメリカはずっと隠していたようであり、アメリカの誇《ほこ》る海兵隊が撃滅されたということが、そうとうなショックであったことは間違いないと思いますので、それが、どう評価されているのか知りたいと考えます。

●真田幸村（1567 ～ 1615）安土桃山から江戸初期にかけての武将。真田昌幸《まさゆき》の次男。江戸時代初期の大坂の陣で豊臣方の武将として活躍。後世、江戸幕府・諸大名家の各史料にその勇将ぶりが記録され、徳川家康に果敢に挑んだと語られている。

天皇陛下《へいか》ご訪問に先立ち、中川大佐《たいさ》を招霊《しょうれい》する

大川隆法　中川大佐《たいさ》は一八九八年生まれで、一九四四年十一月、四十六歳で亡くなられたと見られています。

（質問者に）では、行きますね。お願いします。

（合掌《がっしょう》し）それでは、先の第二次大戦におきまして、パラオ諸島ペリリュー島の守備隊長を命じられ、最後まで奮戦《ふんせん》なされました中川州男大佐を、天皇陛下《へいか》のご訪問に先立ち、幸福の科学総合本部にお呼びいたします。

そのお考え、そのお心を、日本国民のみなさまがたに明かしてくださいますことを、心の底よりお願い申し上げます。

ペリリュー島守備隊長、中川州男大佐の霊《れい》よ。

どうぞ、幸福の科学総合本部に降りたまいて、そのお考え、そのお心を明かし

たまえ。

ペリリュー島守備隊長、中川州男大佐の霊よ。

どうぞ、幸福の科学総合本部に降りたまいて、そのお心を明かしたまえ。

（約二十秒間の沈黙《ちんもく》）

ペリリュー島守備隊長 中川州男大佐

40歳を過ぎて陸軍大学校に進学した中川州男は、エリートとは一線を画す叩き上げの軍人だった。一時は、第一次世界大戦後の軍縮の煽りを受けて配属将校となり、中学校教官として数年間を過ごしたが、日中戦争では最前線で指揮を執り、実戦での指揮官としての能力を認められた。
ペリリュー島着任後も、中川大佐自ら率先して爆撃機に搭乗し、同島の珊瑚礁や植生などの様子を偵察。常に実戦を重視した戦略を心掛けていた一方では、目立たない部分で細やかな配慮が行き届く、寡黙で真面目な人物だったと言われている。

2　中川大佐《たいさ》が語るペリリュー戦の真実

今上《きんじょう》天皇の「ご訪問」は「まことにまことに、ありがたい」

中川州男　うーん……。

里村　失礼いたします。中川州男大佐《たいさ》でいらっしゃいますでしょうか。

中川州男　（ゆっくりと顔を上げ、力強くうなずく）うーん……。うん！

里村　戦後七十周年の、二〇一五年二月の本日（二十四日）、このように、幸福の科学総合本部にわざわざ降りていただきまして、まことにありがとうございます。

中川州男　うん。ご苦労である。

里村　ありがとうございます。中川大佐は、死後、中将《ちゅうじょう》になられましたけれども、本日は、ペリリュー島のお話を中心にお聞かせいただきますので、あえて「大佐」という肩書《かたがき》でお呼びさせていただく失礼をご容赦《ようしゃ》ください。

中川州男　十分である。

里村　ありがとうございます。

まず初めに、中川大佐にお伺《うかが》いしたいと思いますのは、本年（二〇一五年）四月に、今上陛下《きんじょうへいか》、天皇陛下がペリリュー島をご訪問されることが予定されていますけれども、こうした情報を今、中川大佐はご存じでいらっしゃるのか。そして、また、今回の陛下のご訪問をどのように思っていらっしゃるのか。こうした点から、お話をお聞きできればと思います。

中川州男　伺《うかが》っておる。まことに、ありがたいことである。「七十年もたって、われらのことを、今上陛下が気にかけておられる」ということは、まことにまことに、ありがたいことであると考えておる。

里村　はい。実際に、昭和天皇から、十一回も、ペリリュー島の守備部隊は御嘉賞《ごかしょう》にあずかりました。

中川州男　うーん。まことに、ありがたいことである。

里村　これについては……。

中川州男　まことにまことに、ありがたいことである。

里村　はい。

「われらの仕事に関しては、できるだけ誠実に答えたい」

里村　また、現在、戦後七十周年ですけれども、「戦後がどのようになっているかも、だいたい大佐はご存じである」と、私ども、理解してよろしゅうございましょうか。

中川州男　うーん。だいたいについては聞いている。

里村　ああ、そうでございますか。それでは、本日、戦時中のことと、また、本年、戦後七十周年になりますが、この間《かん》の経緯《けいい》、ならびに現在について、いろいろとお聞かせいただきたいと思いますので、どうかよろしくお願いいたします。

中川州男　まあ、国防全体や国の方針について語れるほどの知識も経験もないので、大所高所《たいしょこうしょ》からの意見は差し控《ひか》えたいとは思うけれども、われらの仕事や、それに付随《ふずい》すること、その延長線上にあることに関しては、できるだけ誠実にお答え申し上げたいと考えている。

里村　ありがとうございます。私どもは、このような「霊言《れいげん》」というかたちで、今まで、東條英機《とうじょうひでき》首相、あるいは、松井石根《まついいわね》大将、こうした方々のお話をお伺いしました（前掲《ぜんけい》『公開霊言 東條英機、「大東亜《だいとうあ》戦争の真実」を語る』〔幸福実現党刊〕、『「首相公邸《こうてい》の幽霊《ゆうれい》」の正体――東條英機・近衛文麿《このえふみまろ》・廣田弘毅《ひろたこうき》、日本を叱《しか》る！――』、『南京大虐殺《ナンキンだいぎゃくさつ》と従軍慰安婦《じゅうぐんいあんふ》は本当か――南京攻略《こうりゃく》の司令官・松井石根大将の霊言――』〔幸福の科学出版刊〕参照）。

　しかし、まさに軍人として、少し言葉は失礼ですが、〝叩《たた》き上げ〟で現場で戦ってこられた方からお話をお伺いするのは非常にまれな機会でございますので、ぜひ、「戦争の現場ではどうなのか」という点も含《ふく》めて、今日はお話をお伺い

『南京大虐殺と従軍慰安婦は本当か』（幸福の科学出版）

できればと思います。

中川州男　うーん、うん。うん。

ペリリュー戦は「武士の本懐《ほんかい》」

里村　先ほど、大川隆法総裁からもご説明がありました、一九四四年九月十五日から始まり、十一月の末に終わりました「ペリリューの決戦」では、「『アメリカ最強』といわれた第一海兵師団が壊滅《かいめつ》する」という事態も起きました。
　この戦闘全般《せんとうぜんぱん》を今、振《ふ》り返られて、中川大佐はどのように思っていらっしゃるのでしょうか。

中川州男　いやあ、「武士の本懐《ほんかい》」だと思うよ。本当に、最初から全滅することは分かっていた戦いであるので、もう。

まあ、「サクラ、サクラ、サクラ」の電文も、最後は打ったけれども、散るのは分かっておりながら、その桜の花を、一日で散らすか、三日で散らすか、一週間で散らすか、一カ月で散らすか。二カ月か、三カ月か。その桜を長くもたすことができるか。

「それが隊員たちの苦しみを引き延ばすことにもなりかねないことも承知の上で、それを自分の使命として承《うけたまわ》る」ということに関して、思い定《さだ》まらぬものもありはした。

今、「七十数日で戦いは終わった」と言ったけれども、わが守備隊のうち、三十数名は生き延びて、戦後、昭和二十二年まで戦い続けていたんだ。

戦後一年八カ月も、まだ戦っていた者がいたので、「私が、『最後の最後まで、生き抜《ぬ》いて戦え』と言った命令を守って、昭和二十二年まで戦い続けていた者がある」ということは、知らなきゃいけないと思う。
まあ、よくぞ頑張《がんば》ったなと思うがなあ。

里村　一万名の日本軍の兵士のうち、最後まで生き残ったのは三十数名だけです。そして、一九四七年、昭和二十二年の四月まで、洞窟《どうくつ》のなかで暮らして、徹底《てってい》抗戦《こうせん》を続けておられました。

中川州男　アメリカ軍も、最後は洞窟を火炎《かえん》放射器で焼いたり、重油を流し込《こ》んで火をつけて、焼き殺すようなことまでしたりしないと、まあ、なかに入るのは怖《こわ》いからね。
そういうことをいろいろやったし、ブルドーザーで穴を塞《ふさ》いでしまうようなこともやったりして、生き埋《う》め状態になっていたこともあると思うが、島全体を五百もの洞窟でつないで、要塞《ようさい》になっていたので、どこかで生き残ることは可能だったんだとは思う。

それにしても、大変な戦いではあったろう。

里村　はい。

「『私も含《ふく》め、部下たちが無駄死《むだじ》にした』とは思っていない」

里村　今、中川大佐は、「もう散ることは覚悟《かくご》していた」とおっしゃいましたけれども、満州《まんしゅう》からパラオのほうに転戦となったどの段階で、そうしたご覚悟がすでにおありだったのでしょうか。

中川州男　いやあ、それは軍事機密であるから、言えないことではあって、まあ、

「今度は夏服しか要《い》らないところに行く」ということぐらいしか言えないのでねえ。家族にも言えないけれども、寒いところから暑いところへ行くことぐらいは、分かってはいたであろう。

まあ、極寒《ごっかん》の地で戦って、今度は、三十五、六度から、場合によっては四十五、六度まで上がることがある、熱帯の島での戦いであるので、「寒冷地獄《かんれいじごく》」と「火炎地獄・焦熱《しょうねつ》地獄」の両方とも、部下たちにも経験させたものではある。

一万人余りの全員の死の責任は、もちろん私にはあるけれども、私は、私も含《ふく》め、彼らが無駄死《むだじ》にしたとは思っていない。

アメリカ軍のプロパガンダとして、日本を差別し、貶《おとし》める広告宣伝は、ずいぶんなされたとは思うけれども、「自分たちも屈辱《くつじょく》的な敗北を味わったことがある」ということは、密《ひそ》かに隠《かく》していたことであろうから、これについて、日本軍の勇《ゆう》猛《もう》さ、すごさは感じていたんではないだろうか。

だから、彼らは、ペリリュー島のほうに意識を向けないように、「ノルマンディー上陸」の成功ばかりを一生懸命《いっしょうけんめい》、宣伝していて、本来、「ペリリューの上陸」も映画にしてかけたかったぐらいであろうけれども、全部、極秘にされたわけだ。

まあ、戦争には、そうした宣伝戦の部分も当然あるので、そういうふうに使おうとしていた。要するに、「あっという間に占領《せんりょう》してしまったところを、戦意高《こう》揚《よう》映画で使いたかったのを、使わせなかった」と。まあ、そういうところかなあ。

中川大佐《たいさ》が見た、〝狂気《きょうき》の戦場〟の「実態」とは

綾織　そうした「ペリリューの戦い」の映像自体は、NHKが先ごろ、ドキュメンタリーとして放映したわけですけれども、そのタイトルは、「狂気《きょうき》の戦場　ペリリュー」(NHKスペシャル)というものでした。

実際に中川大佐《たいさ》がご覧になった戦場というのは、どのようなものだったのでし

ょうか。

中川州男　そらあ、戦争は「狂気」と言えば狂気だろうよ、他人から見りゃあね。関係のない者から見りゃあ、狂気だ。

それは、ちょうど、あなたがたの時代で言やあ、鉄条網《てつじょうもう》のなかで、死ぬまで、どちらかが倒《たお》れるまで死闘を繰《く》り返す格闘技みたいなものでしょう。

だから、「狂気」と言やあ、狂気だと思うよ。本当に、「檻《おり》のなかに入れられた猛獣《もうじゅう》が、倒れるまで戦う」っていうことであるからね。その意味では、狂気は狂気だ。

ただ、「冷静な狂気」だよ、こちらはね。もう知ってた上での戦いであるから。だけど、向こうにとっては、やっぱり、発狂する者が続出するような戦いではあった。「まさか、まさか」の展開ではあったのでね。「こんなはずは」という。

（アメリカ軍は）最初は、本当に、「二、三日で落とせる」と思って来たものが、七十数日の死闘が続いたんで、もうほとんどの友人・知人たちが死んでいく姿を見て、死体だらけ、死傷者だらけになって、片腕《かたうで》なく、足なく、病院船に運ばれていく者たちを見たときの、その狂気はすごかっただろうね。

ペリリュー戦は、委任統治領パラオの「防衛戦」だった

綾織　すみません。少し失礼な質問かもしれませんが、おそらく、ＮＨＫの意図として、「この戦い自体が、まったくの無駄であった。狂気に基《もと》づいたもので、何の意味もなかった」ということを、何となくにじませるような内容だったと思うのですけれども……。

中川州男　もちろん、そういう報道もありえるとは思うよ。

ただ、「日本は、このペリリュー島を略奪《りゃくだつ》・占領していたわけではない」ということは知らなければならない。

パラオ諸島そのものは、第一次大戦でドイツが敗れることで、国連（国際連盟）により、日本に委任統治させていた地域であり、日本が学校も病院も道路もつくり、農業も指導し、国を豊かにして、彼らに日本語も教えて、非常に島は豊かになって、「いまだに感謝されている」というように聞いているので。

里村　そうでございます。

第一次世界大戦後、日本の統治下で、パラオ諸島は、人口最大の島・コロール島を中心に各種インフラ整備が進められた。当時日本人が多く住んでいたことから、街や住人の名前にも、日本風のものが少なくない。〈右〉南洋庁時代のコロール3丁目〈左上〉コロール郵便局〈左下〉パラオに建設された通信電波塔

中川州男　まあ、われわれにとっては、「防衛」であるわけです。侵略《しんりゃく》しているのは向こうであって、こちらは侵略しているわけじゃないので、侵略軍じゃありません。

島民たちも「一緒《いっしょ》になって戦いたい」と言っていたものを、「われわれは戦いの専門家であるので、死ぬのはわれわれだけで十分である。島民たちは一名も死ぬべからず」ということで、まあ、彼らも一緒になって、穴掘《あなほ》りぐらいは手伝ってくれたことはあるけれども、「敵軍の艦隊《かんたい》が出た」ということを聞いたら、全員、本島のほうに退避《たいひ》させて、われわれだけで死ぬ覚悟で戦ったということだ。

まあ、長く、日本軍の悪人説・侵略説が流されているんだろうと思うけれども、「侵略していたわけじゃない」という証拠《しょうこ》のところが、ここだな。

防衛であり、そして、「そこに住んでいた人たちも、日本に感謝していた。戦後も感謝し続けていた。そういうところがあった」ということが、公平には報道されていなかった点だね。

このへんは、インドとか、今のスリランカという国も、植民地だったのが解放されて、「日本は、何一つ、悪いことをしているわけじゃない。日本のおかげで、みんな独立できた」と言っているのだけれども、これが、正当な言葉として、世界には評価されていないと思うので、この「ペリリューの真実」が知られることも、大きな意義があるとは思う。

島民たちを退避《たいひ》させたエピソードの「真意」とは

綾織　今に伝わっているエピソードとして、「中川大佐が、そうした島民たち、『一緒に戦いたい』と言うパラオの人たちに対して、最後に避難《ひなん》させる場面で、『日本陸軍がおまえら土人《どじん》と一緒に戦えるわけがない』という、すごくきつい言葉で避難をさせた。ただ、船が出たあとは、日本軍の方々が、かつて一緒に歌った歌を歌って、パラオの人たちを見送った」という話が遺《のこ》っているのですけれども、「真偽《しんぎ》が定《さだ》かではない」と言われています。

これは実際にあったことなのでしょうか。

中川州男　うん。だいたい、それに近かったと思うな。もちろん、守備隊長としては、「護《まも》り抜く」という使命があるので、「死ぬために戦う」とは言えなかったからね。「この島を護ってみせる」と言っているのに、「退避せよ」って言うのは論理的には通じないからね。日本の兵隊さんが守ってくれるのなら、住んでいてもいいわけだから。

ただ、敵の攻撃《こうげき》がそんなものではないことは分かっているので。島中が蜂《はち》の巣状態になるのは、もう分かっていたのでね。だから、そういう洞窟陣地《じんち》を築いたわけですから。

「彼らを一名も死なせたくない」という気持ちはあったので、言葉はきつかったかもしれないけれども、執着《しゅうちゃく》は断《た》たねばならないので、まあ、「追い出す」ということだね。

そういうことをやりましたけれども、「真意は分かってくれている」と思ってはいたがね。

3　日本軍の「持久戦」にはどのような意義があったのか

なぜ日本軍は「ペリリュー戦」で戦い方を一変させたのか

里村　中川大佐《たいさ》から、先ほど、日本軍の「勇猛《ゆうもう》さ」と「冷静さ」というお言葉が出ましたけれども、それまで、日本は勇猛さを見せる部分で、「玉砕《ぎょくさい》」というかたちを取っていたと思います。

まあ、それを最近、あたかもイスラム過激派の自爆《じばく》テロのように、よく言われるのですけれども、それはさておき、この「ペリリューの戦い」が、日本の戦い方を、「持久戦で最後まで粘《ねば》り抜《ぬ》く」というかたちに一変させました。

そして、中川大佐は、非常に冷静に、合理的に計算して、珊瑚礁《さんごしょう》の島で洞窟《どうくつ》を掘《ほ》られたわけですけれども、「そのように戦い方を変えたのは、なぜだろう」と、私《わたくし》ども、現代に身を置く者としては思うのですが、そのあたりは、どのように理解すればよろしいのでしょうか。

中川州男　なるほど。まあ、もちろん、大本営《だいほんえい》のほうも考え方を変えつつあったので、私独自の発案ではない。

だから、最初に、ガダルカナルとか、いろんな島を落とされていったときに、あまりに早く散っていきすぎたのでね。それだったら、どんどんどん、次々と島を落とされていって、本土まで攻《せ》めてくる速度がすごく速くなるので、やっぱり、「これをできるだけ遅《おそ》く延ばし、敵側の被害《ひがい》を大きくすることで、（アメリカ国民の）厭戦《えんせん》ムードを盛り上げる」っていう、一つの方針はあったんだ。

被害が大きくなれば、だんだん、反戦運動等がアメリカ国内でも起きてくるだろうし、「人道主義」を言う国であるからして、自分の家族が亡《な》くなったり、知り合いが亡くなったり、友人が亡くなったりしたことの報告が入っていけば、だんだんだんだん、厭戦ムードも起きるであろうからね。

まあ、どこかで和平の道は開かないといかんにしても、ある程度、敵に打撃《だげき》は与《あた》えなければ和平はありえないので。

われわれとしては、われわれ単独では無理だけれども、「この南方戦線で、できるだけ激戦を繰《く》り広げて、できるだけ対等な戦いに近いところにまで持ち込《こ》んで、何とか戦いを延ばしているうちに、向こうの被害を大きくして、どこかで調停が入って戦《いくさ》を終わらせる。本土に手をつけさせないで戦を終わらせて、天皇陛《へい》下《か》を戴《いただ》く体制を守り抜く」ということが、基本的な考え方ではあった。

アメリカ軍やマッカーサーが「日本を恐《おそ》れた」理由

及川　その戦略が、アメリカ側に、確かに影響《えいきょう》を与えたと思われます。おそらく、この「ペリリュー島の戦い」がなかったら、アメリカはまっすぐ東京を狙《ねら》ったと思うのです。

中川州男　そう。

及川　それを沖縄《おきなわ》戦に持ち込んだのは、やはり、「この戦略が、アメリカ側を恐《おそ》れさせた」という理解をしてよろしいのでしょうか。

中川州男　まあ、「（日本とアメリカの）死傷者の数が同じだった」ということであれば、「殺した日本人と同じだけ、アメリカ人が死ぬ」ということになりますからね。

だから、「日本に上陸して支配するのに、どのくらいの人を殺さなければいけないか」ということを考えたときに、「同じぐらいの数が死ぬ」っていうことになったら、それはものすごい数だわねえ。

アメリカは、最大の戦争が南北戦争で、（死者は）六十万人程度で、あとは、それ以外の戦争でも、なかなか……。まあ、その後のベトナム（戦争）でも、五万人ちょっとぐらいしか死んでないと思うけどね。南北戦争以上死んでるのはないんでね、戦いとしては。

だから、「百万単位の死傷者が見込まれる」っていうことは、やっぱり、（日本への本土上陸を）〝ためらう条件〟には十分なるだろうね。「ペリリュー島で一万人からのアメリカ人が死傷する」ということになったら、それは、単純計算すれば分かるわね。「日本には、百万の軍隊は少なくともいる」ぐらいのことは分かっているから、百万が百万の玉砕に出て、一対一で刺《さ》し違《ちが》えるつもりで来られたら、やっぱり、それは大変なことだろうなというのは思っただろう。

それに、マッカーサーが厚木《あつぎ》にパイプをくゆらせて降りたときにも、「足はわなわなと震《ふる》えてた」というようには伝え聞いている。

だから、「日本に無事に着陸できる」って、本当は思ってなかったんだ。狙撃《そげき》兵にやられるか、斬《き》り込みがかかってくるか、恐れていたのは事実で、「侍《さむらい》の国の伝統」は、やっぱり怖《こわ》かったんだろうとは思うわねえ。

「人は愛のために戦うのであって、憎しみでは戦えない」

里村　日本軍は、兵士の数で言えば「四分の一から五分の一」ですけれども、航空兵力を入れたら「六分の一」、いや、もう「十分の一」とも言える兵力だったと思います。
「そうした数少ない兵力で戦うときの士気を、どのように、中川大佐ご自身が持たれたのか。また、それを部下に伝えて、部下も士気を保ったのか」というところについては、私《わたくし》は、非常に〝不思議に感じる〟というか、「いったい何があって、みんなが士気を保ちえたのか」と思うわけですが、それについてお聞かせいただけますでしょうか。

中川州男　う〜ん。やっぱり、人はねえ、憎しみでもっては戦えないよ。やっぱり、愛のために戦うのであってねえ、憎しみでアメリカ人を殺せないよ。
だから、「祖国への愛」、それから、「家族への愛」、「同胞《どうほう》を守る」ということのために戦うんだな（小さくうなずきながら、かみしめるように口を結び、涙《なみだ》ぐむ）。

里村　今のそのお言葉をお伺《うかが》いしますと、もういまだに、現代のドラマでは、特に、先ほども少し出た「ＮＨＫ」などでは、戦争を描くときに、決まって、戦争に行く兵隊、あるいは、国民がみんな狂《くる》っていたかのように、まさに「鬼畜米《きちくべい》英《えい》」と言って、憎《にく》しみだけで突《つ》っ込んでいったように描くのですけれども、「そうではない」と、大佐は、やはりおっしゃって……。

中川州男　憎しみでは戦えない。憎しみだけでは戦えないねえ。

やっぱり、「われわれが一日持ち堪《こた》えることが、祖国への攻撃《こうげき》を一日遅《おく》らせることになるんだ。われわれが死ぬ代わりに、祖国の人たちが何千、何万と死ぬのを食い止めているんだ」という気持ちはあったね。

だから、できれば、アメリカ軍の戦意を削《そ》いでしまうところまで行って、何とか向こうのほうにも、「無益な戦いであるから、やめたい」という気持ちを起こさせようとはしていたね。

もう戦艦《せんかん》もなく、空母《くうぼ》もなく、戦闘機《せんとうき》もない状態ではあったけどもねえ。戦の大勢《たいせい》は、もう「絶対国防圏《けん》」が破られてきていたわけだから、負けの流れはできていたと思う。

しかし、できるだけ多くの損害を与えて、向こうの戦意をくじくことが、日本が有利に戦争の幕引《まくひ》きをする条件をつくることになるので、「われわれ一万人の死は無駄《むだ》にはならない」と。

私たちが、本当に向こうが考えているように、半日で午前中に占領《せんりょう》されて、白旗を揚《あ》げて、岩山の上に星条旗が翻《ひるがえ》って、午後、ビーチで、（アメリカ軍の）みんながバーベキューを楽しんでいるような状況《じょうきょう》になるようだったら、日本なんか、簡単に蹂躙《じゅうりん》されてしまったことだろうと思うけど、「日本人を攻略するのは大変なことなんだ」っていうことを、向こうに知らせたしね。

「戦術的・技術的な戦闘《せんとう》能力」は日本軍のほうが上だった

中川州男　向こうも火炎《かえん》放射器等で洞窟を焼き払《はら》ったけど、あの火炎は百三十メートルか、百五十メートルぐらいは出ていたと思う。あんなものまでつくって「人間が人間を焼き殺す」っていうのは、これは〝火あぶり〟ですよ、中世のな。それをやらないと、要するに、近づくのが怖いわけです。洞窟の穴に近づくのが。狙撃の腕《うで》は、われわれのほうがはるかに上であったのでね。

もちろん、弾薬《だんやく》等は少ないので、一発必中を狙っていて、一発で敵を仕留《しと》めるっていう狙撃術は、関東軍第十四師団のほうが上だったし。やっぱり、海岸線に登ってくる敵軍まで、戦車等にも山の上から命中させて、破壊《はかい》するぐらいの砲撃《ほうげき》術《じゅつ》があったのでね。

こうした「戦術的・技術的な戦闘《せんとう》能力」という意味では、うちのほうが上だったと思うよ。

ただ、やっぱり、「物資」と「兵器の性能」の差、それから、「補給」がつかないところ等が、どうしても勝てないところだわね。同じだけの補給があったら、負けてないね、たぶん。

いずれアメリカには、先の大戦に対する「反省期」が来る

綾織　少し、お伺いしにくい質問になるのですが、先ほどの、NHKのようなメディアの見方として、「ペリリュー島の戦い、あるいは、その後の硫黄島《いおうじま》の戦いで、日本が、地上戦でものすごく抵抗《ていこう》するということを示した結果、東京の大空《だいくう》襲《しゅう》や、あるいは、原爆などにつながったのだ」というような見方もあります。これに対しては、どうお考えでしょうか。

中川州男　ただ、今はまだ、アメリカは、完全に「反省期」までは来てないから、つまり、反省するところまでは来てないから言わないだろうけど、いずれ、「反省期」は来ると思う。

われわれと戦うときでも、火炎放射器で焼き払うようなこともしているし、最初から艦砲射撃で、もう島ごと、人っ子一人いないぐらいまで砲撃し、爆撃した上で、周到《しゅうとう》に上陸してきて、それで一万人からの人が死傷して、退却《たいきゃく》している。要するに、第一派の師団は木《こ》っ端微塵《ぱみじん》に砕《くだ》かれて、増援《ぞうえん》部隊で戦った状態であるんです。

その状態で（ペリリュー島に）上がってきて、飛行場を占領しようとしてたけ

東京大空襲　1944年以降、米軍B-29爆撃機によって、東京空襲が100回以上行われた。なかでも1945年3月10日の空襲での罹災《りさい》者は100万人を超えた。

ど、そこでも壊滅的《かいめつ》な被害を受けて、それから、夜襲も受けた。まあ、要するに、発狂《はっきょう》する人が続出ではあったわけです。

里村　そうなんです。

中川州男　うーん。まあ、あなたがたが攻める側だと考えて、想像してみなさいよ。

火炎放射器みたいなもので、洞窟のなかまで焼き払ったり、重油を流し込んで、それに火をつけて、なかを全部焼いたりするっていうようなことをやって、人間として耐《た》えられるか。発狂するだろう?

火炎放射器を搭載したアメリカ軍の装甲車。すでに多数の死傷者を出していたアメリカ軍は、100メートル以上の遠距離から日本軍の潜む洞穴に向けて火炎を放つことのできる最新鋭の兵器で、難航する戦局を打開しようとした。

里村　はい。

中川州男　うん。こういうようなことを、硫黄島や沖縄戦でもやってきた。だから、彼らは、本当に狂気を感じてたと思う。

それで、さらに、「自分たちは死にたくない」という理由により、より効率的な殺傷兵器を考えた。それが、わが島《とう》でも使われた、ナパーム弾《だん》であるわけだけども、これは、摂氏《せっし》千度にもなる高温が島を覆《おお》うことになって、生き物なんか存在できないようになるぐらいの焼き払いが

ベトナム戦争でも使用されたナパーム弾。極めて高温度で燃焼し、広範囲を焼き尽くす。油性の火のため、一度人体や森林に発火すると、通常の水では消火が困難で燃焼時間が長いため、さまざまな戦争で広く利用されたが、一方で、非人道的すぎるとの批判も相次いだ。

起こる。

これは、日本に対してだけじゃなくて、戦後、ベトナムで農民たちを焼き払うのにも使われたと思うけど、このへんでも、アメリカの反省は、そうとう働いたとは思う。

まあ、今はナパーム弾も使えなくなってきていると思うけども、こうした、「自分たちは絶対に安全なところにいて、相手を一方的に皆殺《みなごろ》しにする」という作戦だね。これは、実際、ヒットラーのホロコーストを責められるような立場にないようなことをやったし、「オレンジ作戦」においても、東京空襲で、十万人を一夜にして焼き殺すなんていうのは、普通《ふつう》の人間がやれることではないわね。

日本の家が、木と紙でできていることを知った上で、丸焼きにする計画を立てて、どうやったら効率よく焼けるかを研究した上で、四方《しほう》を囲んで焼き尽《つ》くした。それで最後、死んで屍《かばね》になって積み上がり、川にもいっぱい浮《う》いただろうと思う。

●オレンジ作戦（War Plan Orange）20世紀初頭、アメリカ海軍が、交戦可能性のある国を色分けして立案したカラーコード計画のうち、日露戦争で勝利した日本を仮想敵国とした戦争計画の呼称。前線基地としてのフィリピンから日本を攻撃することを想定していた。

それから、広島、長崎《ながさき》にも、「悪魔《あくま》の爆弾」を落とした。やっぱり、この反省は、これからゆっくりと、アメリカには降りかかってくるだろうと思うよ。

「われわれが抵抗したがゆえに、そういう強力な兵器で攻撃された」っていう考えもあるけども、要は、攻撃してる側は、「非人道性《ひじんどうせい》」と「卑怯《ひきょう》さ」というものを、すごく感じてたはずであるので。

だから、彼らは、（アメリカ軍を）英雄《えいゆう》にしたがるだろうけども、原爆を落とした人が英雄であるわけはないだろう。われわれはサソリじゃないんだから。

里村　ええ。

中川州男　ネバダ砂《さ》漠《ばく》のサソリじゃないからね。

まあ、そういうもので、同じ人類を殺した国が、今、「人道主義」を唱えてるわけで、本当は、この人道主義の背景には、「反省」があるわけだよ。自分たちのな。

4　先の大戦は日本による「侵略《しんりゃく》戦」か「植民地解放戦」か

欧米《おうべい》列強の侵略《しんりゃく》が進むなか、アメリカの侵略対象だった日本

里村　今、〝アメリカのやり方〟というお言葉が出ました。

中川州男　うん。

里村　それで見ますと、先ほど、「ペリリュー島の戦いは、パラオ諸島の防衛戦である」と、中川大佐《たいさ》はおっしゃいましたが、もう一度、大東亜《だいとうあ》戦争そのものに拡大したときに、戦後七十周年の今、ポイントになってきているのは、やはり、

「先の戦争が日本の侵略《しんりゃく》戦争であったのか。そうではなくて、自衛とアジアの植民地解放のための戦いであったのか」の部分です。この論争が、いまだに続いております。

当時、現場にいらっしゃった中川大佐からご覧になって、「そもそも、先の戦争は、日本の侵略戦争だったのか」という考えに対しては、どのように思われますでしょうか。

中川州男　まあ、日本人は、日本のことのみを考えすぎるんじゃないかねえ。世界の歴史から見れば、やっぱり、欧米《おうべい》列強の侵略は、ずーっと続いてた。何百年にもわたって続いてたわけで、日本がやったのは、数十年の話です。「それだけが悪で、それ以前のものは悪ではない」っていう考えは成り立たないだろうね。

だから、あのパラオ諸島だって、ドイツ軍に支配されていたわけだし、インド等も、百五十年もイギリスに支配されていて、国は全然よくなってないわね。

里村　はい。

中川州男　もう、貧しいままだったわね。搾取《さくしゅ》される。まさしく、「搾取」そのものがあったわけです。

だから、マルクスの『資本論』のもとは（苦笑）、そうした植民地の搾取みたいなもんから来てるからね、はっきり言えばね。

里村　はい。

欧米列強によるアジア支配の状況（1944 年当時）

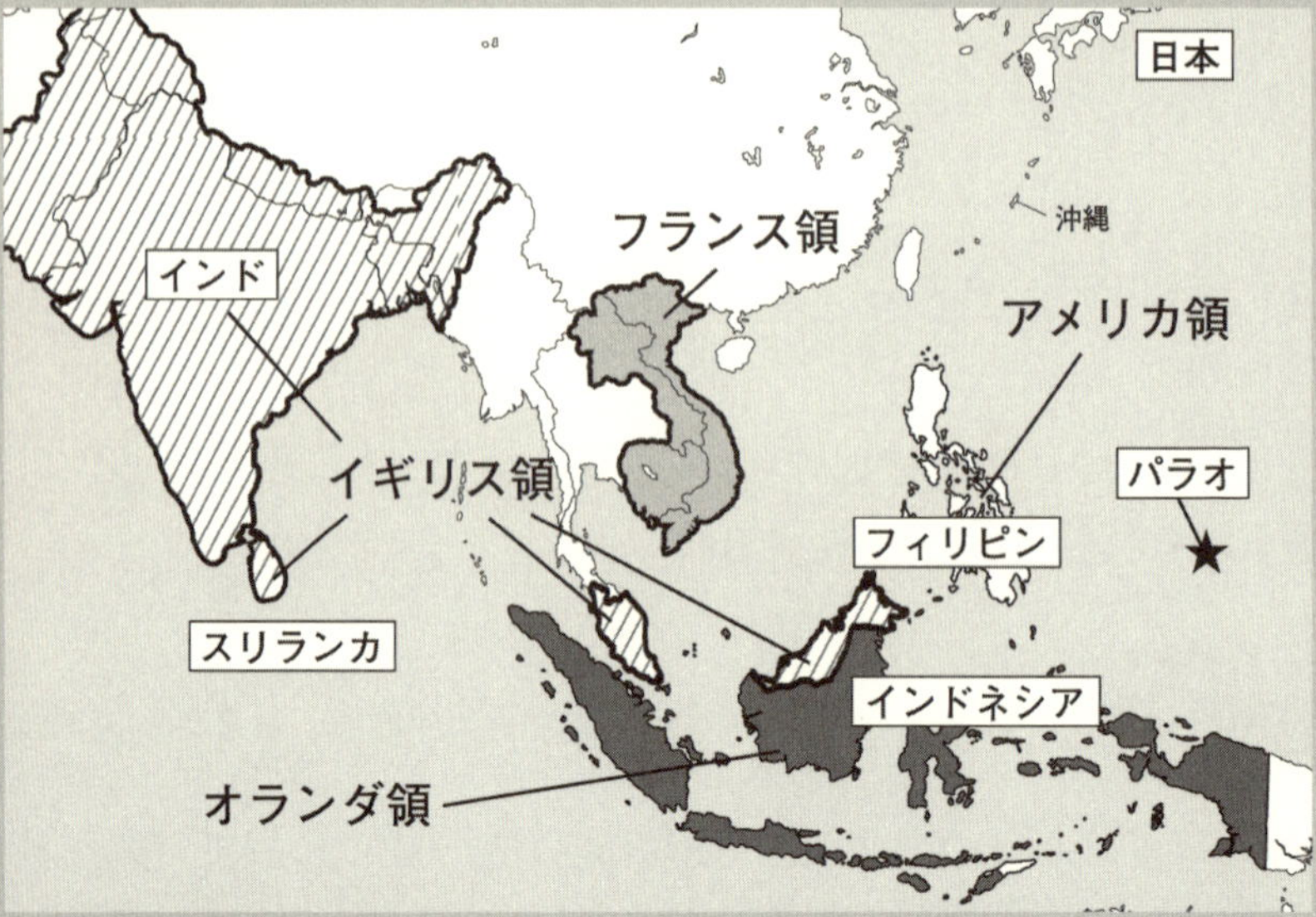

第二次世界大戦時、アメリカやオランダをはじめとした欧米列強国による、アジア各国の植民地化が進んでいた。

パラオ諸島は第一次世界大戦後、ドイツの植民地支配を脱し日本の委任統治領となり、コロール島を中心にインフラ整備が進んだが、第二次世界大戦時に海軍の重要な基地として大きな飛行場を備えたペリリュー島が連合国軍からも注目され、結果、日本とアメリカとの激戦地となった。当時の欧米列強国による、東アジア・東南アジア諸国の主な植民地支配状況は以下のとおり。

イギリス領：インド・スリランカ・マレーシア
フランス領：ベトナム・ラオス・カンボジア
アメリカ領：フィリピン
オランダ領：インドネシア

中川州男　うーん、そういうところもあるし、インドネシアだって、あんなところも支配されてたしね。

里村　オランダにですね。

中川州男　うん、そうだね。

それで、アメリカだって、ハワイを攻撃《こうげき》されたほうとして、「リメンバー・パールハーバー」「日本憎《にく》し」で立ち上がらせたわけだけども、「じゃあ、ハワイはアメリカ領土だったか」と言ったら、ハワイはハワイとして独立したもので、カメハメハ大王のカメハメハ王朝が続いていたものを、略奪《りゃくだつ》したものだね。

里村　ええ。

中川州男　その次には、フィリピンも、アメリカが植民地下に置いたものだ。

里村　はい。

中川州男　世界地図を広げてみれば、フィリピンは、日本の真下というか、南に位置するわけですから、ここまで取りに来たっていうことは、沖縄《おきなわ》戦は、もう、予想されたあたりです。地理的に見たらね。

だから、アメリカに、そういう侵略の意図はなかったとは、やっぱり、言わせない。

インドはイギリスに支配されていましたから、インドを侵略するわけにはいかないので、アメリカの残りの侵略対象は、もちろん、日本と韓国《かんこく》、朝鮮《ちょうせん》半島、中国だろうね。

里村　はい。

中川州男　フィリピンから次は、絶対、ここが対象だね。

里村　ええ。

中川州男　これは、もう、明治時代から分かっていたことであるんでねえ。いずれぶつかることは、分かった。

だから、そういう善悪の問題で捉《とら》えるのも結構だが、やっぱり、結果的に見れば、世界史は、そうした力の均衡《きんこう》で成り立っていて、「パワー・ポリティクス

（権力政治）、覇権《はけん》国家、力を伸《の》してきたところが領土を拡張していく」っていう流れであったことは、この数百年、続いていたことであるので、日本は、もう、最後の段階だったということだね。

「満州国《まんしゅうこく》を日本陸軍が護《まも》っていたことに侵略《しんりゃく》性はない」

綾織　中川大佐は、中国大陸に長くいらっしゃったわけですが、「中国に対しても、日本は侵略《しんりゃく》をした」というように言われているわけです。

一方で、中国には、国民党と共産党などによる内戦という問題があり、そこに、アメリカやイギリス、ドイツなども干渉《かんしょう》して、ある意味、代理戦争のようなものも起こっていました。

中川大佐からご覧になって、「日本が中国を侵略した」と言われている部分については、どのように思っていますでしょうか。

中川州男　ええ、日本が戦った中国は清《しん》国であって、日清戦争というので戦って、勝った。そして、賠償金《ばいしょうきん》をもらい、土地も割譲《かつじょう》された。

それを、あんたがたも日本史で勉強したと思うが、三国干渉等《さんごくかんしょう》を受けてねえ、独、仏、ロシアかな。三国干渉を受けて、土地の返還《へんかん》を迫《せま》られたわけだけど、あのときの国民の屈辱《くつじょく》感っていうのは、すごかっただろうとは思うわな。独、仏、ロシア、まあ、なかなか許しがたいものはあったわなあ。

里村　はい。

中川州男　あのへんから、次には、南下してくるロシアが、朝鮮半島を狙《ねら》っているのは分かっていましたから。

ロシアが南下してくるだろうと予想されていたし、その清朝《しんちょう》自体は、日清戦争で敗れた結果、内部のいろいろな戦いもあって、満州《まんしゅう》にまで追いやられていて、これを、満州国として独立させたわけです。

これを「傀儡《かいらい》政権」と言って、日本史では悪く言っているんだろうけども、実は、満州族が中国を支配してたわけで、漢民族が支配したわけじゃないんだ。

だから、これは内戦ではあったわけだけども、その清王朝（満州国）と、日本の皇室とは姻戚《いんせき》関係まで結んでいた状況《じょうきょう》であったので、ここの独立、および、援《えん》護《ご》をしてたということ自体は、歴史の流れから見たら、日本以外の国であっても、やっぱり、そうしただろうと思うので、これについては、「侵略性はない」と考えるね。

だから、満州国を日本陸軍が護《まも》っていたことに対しては、侵略性はないと思う。

日本が戦わなければ「欧米《おうべい》による中国支配」が始まっていた

中川州男　この満州国と、中国の残りの部分において、どういうかたちで戦争が始まったかについての説は、多少あります。

それは、「日本の関東軍が暴走した」という説もあるし、「中国共産党軍が仕《し》掛《か》けてきた」っていう説もあるし、「国民党軍の〝あれ〟だ」という説もあるし、いろいろ諸説はあって、真相は分からない。まあ、そういう気持ちは双方《そうほう》にあっただろうとは思うけどもね。それから、日本のほうにも、そういう膨張《ぼうちょう》戦略を是《ぜ》とするものと、否《ひ》とするものとの両方が、考えとしてはあったようには思う。

ただ、地政学的に見れば、やっぱり、インドまでイギリスに取られてる状況……、まあ、ネパールもそうかな？　取られてる状況であって、流れ的に見れば、欧米《おうべい》による中国支配が始まる流れかなと。満州国のほうに、清朝が逃《に》げてきたあたりで、たぶん、欧米が、あとの中国を〝切り分けて〟いくだろうなと。
満州事変以降の、いったん起きかかって、なくなった部分ですね。日本が戦わなかったら、たぶん、「揚子江《ようすこう》以南は、どこそこの国のもの」とか、それから、例えば、「以北はアメリカの領土」とかいうふうになっている。

里村　うーん。そうですね。

中川州男　だから、どっちみち一緒《いっしょ》だよ。

里村　はい。

中川州男　植民地にはなっていたであろうと思われます。

里村　はい。

戦後七十年の今こそ「満州《まんしゅう》事変以来の歴史」を見直すとき

及川　今年の初めに、天皇陛下《へいか》が、新年のご感想として、「今年は戦後七十年で、満州《まんしゅう》事変以来の日本の歴史を、もう一回学び直して」というようなお言葉を出されました。

中川大佐は、まさに、そのことにかかわられたお一人でいらっしゃいますが、「満州事変以来の歴史というのが、単に、軍部の暴走、特に、関東軍の暴走という見方ではなくて、今、中川大佐がおっしゃったような、もっと広い目で見るべきだということを、天皇陛下が示唆《しさ》された」というように思ってもよろしいかと思います。これについては、いかが思われますか。

中川州男　今、天皇陛下には、政治的発言が許されないようであるから、それは、忖度《そんたく》するしかないんだけれども。

まあ、日本が、「満州国を護ることだけに専念する」っていうこともありえたと思うが、残りの大半の中国本土で内戦が起きて、内乱が起きてきたら、次には欧米の餌食《えじき》になるのは、もう見えてた。フィリピンからインドシナ、そして、中国南部まで取りに来るのは、もう見えてたことではあるわね。

そのためにやったことが「ABCD包囲陣《ほういじん》」ですよ。「日本には一滴《いってき》も油を入れないようにする」という包囲陣を敷《し》いた。

里村　はい。

●ABCD包囲陣　第二次世界大戦下、フランス領インドシナへの日本軍進駐に対する、アメリカ(America)、イギリス(Britain)、中華民国(China)、オランダ(Dutch)による、日本への経済面での制裁を中心とした強制的外交手段の名称。「ABCD包囲網」とも言う。

中川州男　たぶん、今も同じ問題を抱《かか》えてると思うけども、「油が日本に一滴も入らなくなったらどうなるか」だね。まあ、大変なことでしょ？

今だって、円安になって、燃料が高くなるだの、ならないだの、いろいろ言ってるけれども、アメリカみたいに自分のところで石油も出るところはいい。だけど、そういうものは、ほとんど出ない日本にとって、「油が入らなくなる」っていうことは……、工業国家になっていたのでね。

工業生産、まあ、粗鋼《そこう》、鉄鋼の生産もできなければ、船もつくれないし、工場も動かないし、飛行機もつくれないって状態であるから、これは死活問題だよね。

あと、鉄鉱石については、満州のほうにもあったし、石炭等は、中国大陸にもあることはありましたですけども、もう、石油の時代には入っていたので。それで、この石油を、なんと、アメリカから主として買ってたんですよね。戦争相手のアメリカから、石油の七割、八割は買ってたと思うんですよ。

里村　そうですね。

中川州男　だから、燃料の大部分をアメリカに依拠《いきょ》していた。これを止《と》められた工業国家が成り立つかどうかっていうことだなあ。

そうしたら、やっぱり、どうしても、油が出るところを取りにいくわけだから、「南方のほうで、油が出るところの確保に入る」っていうのは、もう予想済みだったと思うなあ。ルーズベルトっていう人は、老獪《ろうかい》な方《かた》なので、予想してたと思う。

それを知っててＡＢＣＤ包囲陣をつくって、実は、「日本を叩《たた》くついでに、インドシナから上の中国本土まで攻《せ》め取りたい」っていう野望を、向こうは持ってたと思う。

里村　はい。

中川州男　その野望を、「日本から救うために」という大義名分を立てて、〝白馬の騎士《きし》〟を名乗ったのではないかなと思うがね。

パラオの人々は「日本のおかげで繁栄《はんえい》できた」ことを感謝している

里村　先ほど、「日本国内にも、いろいろな意見があった」とおっしゃいましたが、このペリリュー島の戦いから終戦までの、こうした経緯《けいい》を含《ふく》めて、その後の東京裁判では、一方的に、「日本だけが、国家意思としての侵略主義でアジアに広がろうとした。そういう戦略でもってやったのだ」と言われています。

そして、戦後七十年である今に至るも、その歴史観を、海外の、当の欧米が言うのみならず、日本人自身が信じてしまっている状況がございます。

中川州男　うん。

里村　ある意味で、その象徴《しょうちょう》が、一九九五年に出された、村山《むらやま》首相による談話です。「先の戦争は侵略であった」と認め、「アジアの国々にご迷惑《めいわく》をおかけした」と言ったわけです。

日本人は、こうした意識に、ずっと囚《とら》われております。これについて、いかがお考えになられるでしょうか。

中川州男　村山さんに関しましては、あの当時、パラオの大統領は、クニオ・ナカムラ大統領だったと思うので、父親が日本人だね。それで、あのとき（パラオ独立一周年記念式典）だけ、日本の首相が来《こ》ず、また、日章旗《にっしょうき》がかからなかったということに対して、ものすごく悔《くや》しさをにじませていたと思う。

里村　はああ。

中川州男　世界各国から来てたのに、来なかった。日本だけ来なくて、そして、日本が、「悪いことをした」みたいな謝罪をしてたことに対して、「日本は、何を悪いことをしたんだ」ということを、クニオ・ナカムラ大統領のほうは言っていたと思う。「日本は（パラオを）護ろうとしただけで、日本のおかげで繁栄《はんえい》があったということを、みんなが感

クニオ・ナカムラ（1943～）
パラオの第5代大統領（1993年1月～2001年1月）、日系人。日本との外交・貿易を重視し、1990年代に再三来日。退任後もたびたび日本を訪れている。

謝しているのに、いったい何を謝罪しているんだ」っていうような、このピントのずれを報道されていないっていうことを、感じてたと思うんだけどね。

だから、中国や朝鮮半島の人たちが日本を責めるのは、彼らの〝性《さが》〟であろうから構わないとは思うけれども、日本でなければ、アメリカやロシアに攻め取られていたと思われる。まあ、「日本が侵略した」と言って攻撃した以上、自分らが取るわけにいかないから、（中国や朝鮮半島は）独立できたわけでしょ？　たぶん、そういうことだと思うけども。

パラオ国旗
水色地に黄色の円で構成されたパラオの国旗は、青く広がる太平洋と美しい月を表す。日章旗と似たデザインには親日の精神が表れているとも言われる。

日本とパラオ共和国の外交関係樹立20周年を記念して、パラオのレメンゲサウ第9代大統領（2013年1月〜）と安倍首相が会談。（2014年12月17日）

アメリカが加担したことで「共産主義国」となった中国とソ連

中川州男　でも、「日本が、戦争を始めるにあたって、日独伊《にちどくい》三国防共協定を結び、共産党の広がりを止《と》めようとした」ということで、枢軸国《すうじくこく》ができたわけだけども、その戦後がどうなったか見てください。

アメリカの戦いの結果、広大な中華《ちゅうか》人民共和国は共産党の政府になり、ソ連邦《れんぽう》という大きな国は、日露《にちろ》戦争で日本が負《ま》かしたにもかかわらず、また、その体制が固まっとれば、資本主義国家にできたにもかかわらず、また革命が起きて、第二次大戦では戦勝国になったために、共産圏《けん》ができて、その後、冷戦が長く続き、内部では、あなたがたが知らない数多くの人たちが粛清《しゅくせい》されている。

里村　うーん。

中川州男　共産主義の基本原理のなかに、「暴力革命」っていう思想があるので、彼らの考え方は、「粛清《しゅくせい》を繰《く》り返して、それから、邪魔者《じゃまもの》は収容所に送り、あるいは、処刑《しょけい》してでもいいから、目的を成就《じょうじゅ》せよ」っていう考え方だね。「敵は殲《せん》滅《めつ》する」っていう考えであるので、人道主義なんか微塵《みじん》もない考えだね。

これは、中国とソ連という大きな大陸を支配することになった。アメリカが加担したことが、結果的によかったのかどうか。戦後の数十年の体制は正しい流れであったのかどうか。やっぱり、よく考えていただきたい。

里村　はい。

中川州男　むしろ、日米が協調して、彼らを導いたほうが、いい国ができたんではないかと思われるのに、一方的に日本を敵視して……。やっぱり、人種差別的な観点から敵視したものだと思われるので。

「黄色《おうしょく》人種は劣等《れっとう》民族であるから、日本が白人に替《か》わって黄色人種をリードするリーダーになるっていうことは許しがたい」という考えが、根深くあったんじゃないだろうかね。うん。私は、そう思うがな。

5　中川大佐《たいさ》が反論する「南京大虐殺《ナンキンだいぎゃくさつ》と従軍慰安婦《じゅうぐんいあんふ》」の嘘《うそ》

軍隊の遺伝子として、南京大虐殺《ナンキンだいぎゃくさつ》は「ありえない」

綾織　東京裁判では、南京《ナンキン》事件（南京大虐殺《だいぎゃくさつ》）も認定をされたわけですけれども、現在では、その南京大虐殺に象徴《しょうちょう》されるように、「日本軍は残虐な軍隊だ」と言われてしまっています。これについて、中国の現場にいらっしゃった立場から、どのようにご覧になりますか。

中川州男　私は、関東軍にいたわけですから、第十四師団ですから、それは中国のことも知ってはいますけれども。

あのね、そういう、無辜《むこ》の民《たみ》を三十万人も虐殺するような軍隊であれば、パラオに行って、ペリリュー島で、島民を一人も死なせないように避難《ひなん》させたりするようなことを、するわけないじゃないですか。軍隊の遺伝子は一緒《いっしょ》ですよ。そんなこと、ありえないですよ。

綾織　はい。そうですね。

中川州男　彼らを、〝盾代《たてが》わり〟に使ったでしょう、むしろね。そういう人たちであれば、あの島民のパラオの人たちを、みんな集めてきて、（両手を水平に広げながら）海岸線に〝盾〟にして並べたでしょう。

里村　確かに。

中川州男　そりゃあ、「アメリカは、パラオの人を虐殺した」と宣伝するために、そうしたんじゃないですか、たぶん。

綾織　実際、パラオの人は、一人も犠牲《ぎせい》が出なかったということですから。

中川州男　そう。

「南京で亡《な》くなった方の姓名《せいめい》を発表していただきたい」

中川州男　南京でも、犠牲は出ていないんですよ。まあ、事故的な、小さな衝突《しょうとつ》はあったとは思いますけれども。

そういうね、「軍隊と軍隊の戦い」というのを、日本は、いちばん基本的に考えていたんで。「軍隊じゃないものと戦う」っていう考えはなかったんですよ。
もちろん、それは、変装して狙撃《そげき》してくる者に対しては許せない。スナイパーに当たる者は許せないですから、そういう者を撃《う》ったことはあったかもしれません。ただ、基本的にはないと思う。

里村　はい。

中川州男　もし、それを、国家として言うのでしたら、「南京市」というような市があって、そこには戸籍《こせき》があるはずですから、どれだけの方が亡《な》くなったのか。その姓名《せいめい》を明らかにして、発表していただきたい。

里村　はい。

中川州男　生きてる人だったら、戻《もど》ってきたでしょうからね。だから、誰《だれ》が亡くなったのか。

綾織　はい。

中川州男　日本は東京空襲《くうしゅう》で亡くなった人、分かりますよ。広島の原爆《げんばく》で亡くなった人、分かりますよ。それだから、遺族に対して、年金を払《はら》ったりしてるわけですから。長崎《ながさき》でも知ってますよ。十万人単位で死んでも分かりますよ。誰が死んだかは、分かってます。名簿《めいぼ》がありますからね。「三十万人、殺した」って言うんなら、その名簿を出していただきたい。どういう方が亡くなったのか。

綾織　実際、その情報も隠《かく》していますし、そういう研究をすること自体も、事実上、禁止されている状態です。

中川州男　うーん、それは別の目的があって……。結局、ヒットラーの「アーリア人種優越《ゆうえつ》政策」と、「ユダヤ人の差別と虐殺計画」。これと同じことをやろうとしているんじゃないですか、今の中国政府が。

だから、「中国人が、文化的には先発であり、中国文化が全部、日本の発展をつくったのであって、日本人が生意気にも、中国を攻撃《こうげき》して、攻略したっていうことは許せないことである」とか、「残虐な人種だ」ということを言い立てている。これは、やっぱり、私ら軍人が考えるかぎりは、「日本を占領《せんりょう》する口実《こうじつ》」、少なくとも、「攻撃する口実」だね。

●アーリア人種優越政策　当時ナチスドイツの支配者だったヒットラーによる、「アーリア人のみが正統なドイツ国民である」という考えに基づいた政策。この思想は、同時にユダヤ人等排斥の理論的な支柱にもなっていった。

里村　はい。

中川州男　まあ、軍人として見たかぎりね。中国が、国連の常任理事国になってるんでしょ？（中国の）本心から見れば、日本を委任統治させていただきたいぐらいじゃないですかね。

里村　なるほど。

従軍慰安婦《じゅうぐんいあんふ》など「断固としてありえない！」

里村　その文脈からしますと、今年（二〇一五年）、戦後七十周年ということで、中国が南京大虐殺の関連資料、あるいは、「主に朝鮮《ちょうせん》半島で、朝鮮の女性を拉致《らち》して、強制的に性奴隷《どれい》にした」という従軍慰安婦《じゅうぐんいあんふ》の関連資料を、ユネスコの世界記憶《きおく》遺産に登録しようとしています。

中川州男　うん。

里村　ある意味で、これは、歴史に固定化しようとしている試みにも見えますけれども、中川大佐《たいさ》は、どのようにご覧になりますか。

中川州男　それは、日韓併合《にっかんへいごう》があって、韓国人と日本人は平等な扱《あつか》いを受けていましたので。日本姓も持っていましたから、その女性が、「韓国人か、日本人か」という区別は、必ずしも全部ついているかどうかは分かりません。

もちろん、戦地に赴《おもむ》く軍隊の師団の近くに、その世話をする旅館から、まあ、そうした慰安関係の人たちがいたことは事実ではあるけれども、これを商売としてやっているんなら、彼らの自由であるので、それは文句《もんく》は言えないでしょう。

それを、「軍隊が強制的に、徴兵するように、トラックに詰《つ》め込《こ》んで連れてきた」っていうなら、これは、ナチスとまでは言わないけれども、かなりの非人間性があるという、まあ、こういう観点だろうと思うけれども。

ただ、われわれが知ってるかぎりは、少なくとも、関東軍で見たかぎりは……。まあ、男性が何年も単身で、あるいは、独身でいることは難しいところもあるし、民家に入って、いろいろと暴行・略奪《りゃくだつ》等を働くというようなことは、軍規を乱すことになるから厳に戒《いまし》められていたので、彼らは、「お金を払って遊ぶ」というようなことはあったとは思う。うーん、「ちゃんと対価はもらって、そういうプロフェッショナルの女性が相手をしていた」っていうことは、あったかもしれない。

しかし、「民間人をさらってきて、鬼《おに》のように、略奪・暴行を働く」みたいなことは、厳に戒められていて、それは、本当に「営倉《えいそう》（懲罰房《ちょうばつぼう》）入り」というか、重罪に当たることであったので。

やはり、責任ある立場にあった者として、「軍として、軍の意志でもって、そういうことがあったということは、絶対、断固としてありえない！」と言わざるをえないですね。

里村　はい。

中川州男　もちろん、業者が、そういう女性たちを募《つの》って、「いい仕事があるから」と言って、連れていったというようなことが、なかったとは言えないけれども、少なくとも、「軍が強制的に、銃剣《じゅうけん》を突《つ》きつけて、性奴隷にした」というような事実は、ない！

中国や韓国《かんこく》の、「勝って独立したわけではない」という悔《くや》しさ

里村　そうした、中国側の、あるいは、韓国《かんこく》側のプロパガンダ（宣伝）に対して、きちんと声を上げられない日本政府、また、日本国民に対して、大佐はどのようにお考えになりますか。

中川州男　でも、そういうことを言うということは、「戦って、勝って独立したわけじゃない」ということの悔《くや》しさの、裏返しにしかすぎないんじゃないのかなあ。

だから、別に、韓国軍の反撃を受けて、日本軍が撃退されて、韓国が独立したわけじゃない。

里村　はい。

中川州男　ね？　この悔《くや》しさはあるわな。

里村　はい。

中川州男　実は、韓国の人たちは日本軍として、南方戦線で、まあ、彼ら的な言い方をすれば、〝南方の土人《どじん》〟をいっぱい殺すのに、参画してたわけだから。

私たちは、土人の虐殺をしたつもりはありませんが、彼らのプロパガンダによれば、「日本軍がそういうふうにやってた」っていうことであれば、「朝鮮半島の人たちも行って、アジアの同朋《どうほう》を、いっぱい殺してた」ということになるんでしょうし。まあ、そういうことでしょう？

中国だって、別に、毛沢東《もうたくとう》がつくった中国共産党政府と、われわれは戦った記憶が、まったくないので。

里村　はい。

中川州男　こんなものは、戦ってなかった。内戦、内紛《ないふん》をやってただけで、逃《に》げ回っとった連中ですから。戦争が終わったことによって、急に、台頭《たいとう》してきたもんですので。

里村　うん。

中川州男　彼らと戦った記憶もないので、「彼らが、日本に勝った」という実績もなく、「われらが敗れた」ということもありません。
だから、彼らが、なぜ、放置されたのか。ある意味で、「フランクリン・ルーズベルト自身が、共産主義者だったのではないか」という疑いも、かかっているわけでして。

里村・綾織　うん。

中川州男　少なくとも、彼の側近には、ソ連のスパイが入っていたことは分かっている。やっぱり、「ソ連を仲間に引き込まないと、第二次大戦で勝てない」ということは、チャーチルとルーズベルトの間で話がされて、まあ、やってたんじゃないかと思うけどね。

●ソ連のスパイ　ハリー・デクスター・ホワイト（Harry Dexter White, 1892～1948）は、アメリカ合衆国の官僚。フランクリン・ルーズベルト政権のヘンリー・モーゲンソー財務長官のもとで財務次官補を務めた。ホワイトはソ連コミンテルンのスパイであったことが、ベノナ文書により確認されている。

6　中川大佐《たいさ》なら今の日本を中国からどう護《まも》るか

日本は、中国を牽制《けんせい》する抑止力《よくしりょく》となれ

綾織　中国共産党が、軍事的に太平洋を呑《の》み込《こ》もうとしており、その危険が、日本の南西諸島や沖縄《おきなわ》に迫《せま》っています。軍人としての観点からお伺《うかが》いしたいのですけれども、これに対して、日本として、どう対抗《たいこう》すべきか。また、どのように国土を護《まも》っていくべきか。このあたりについて、中川大佐《たいさ》は、どのようにお考えになりますか。

中川州男　もうすでに、南沙《なんさ》諸島で、彼らは陣地《じんち》を築いていますね？　そういう

珊瑚礁《さんごしょう》のところを何十倍にも広げて、もう、要塞《ようさい》をつくり始めておりますので。海軍基地をつくってますよね（注。二〇一五年二月、中国が南沙諸島の三つの岩礁で、大規模な埋《う》め立て工事を進めていることが報じられた）。

里村　つくっております。

中川州男　だから、これは、「占領《せんりょう》の意図はあり」っていうのは、もう明らかですね？　周りを取りに行っていますわね。

ベトナム・フィリピン等が中国と領有権を争う南沙諸島

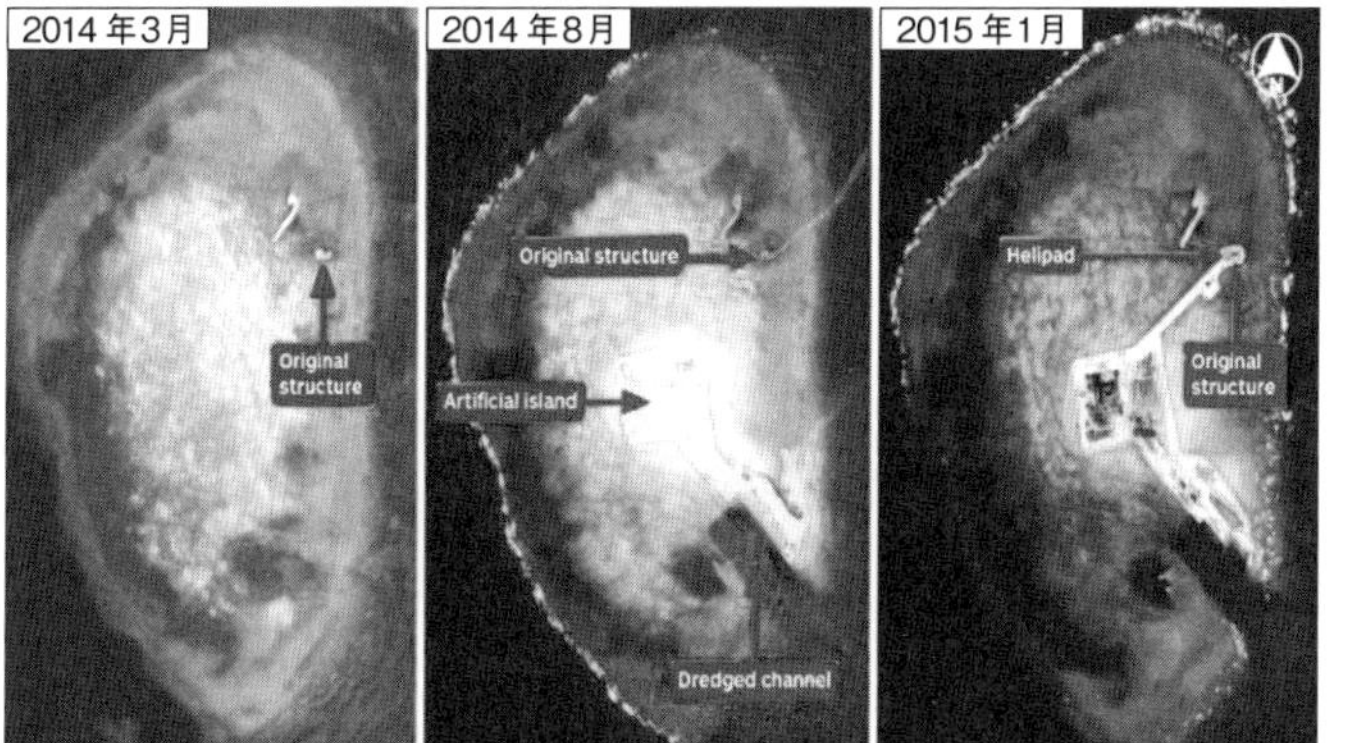

ベトナム・フィリピン等と領有権を争う南シナ海の南沙諸島で、中国が実効支配を進めていることを示す衛星画像（Jane's Defence Weekly News 2015年2月15日付）。かつて小さなコンクリートの土台が少数設置されていただけの場所に、ヘリポートや滑走路、港、大規模な兵舎を備えた人工島が出来上がってきている。

里村　はい。

中川州男　それから、もう一つ、沖縄が日本をね……。

まあ、沖縄戦が、最後、悲惨《ひさん》であったから、「米軍は嫌《きら》い」っていうのは、私は、分かりますよ。その気持ちは、よく分かりますけれども、やっぱり、「中国の侵略《しんりゃく》の拠点《きょてん》が、海南島《かいなんとう》にある」ということは、知らなければいけない。

海南島は、台湾《たいわん》のすぐ近くにあるわけですから、ここから、潜水艦《せんすいかん》をはじめ、次に空母艦隊を、今、建設中であるので。今、沖縄が一つ、邪魔《じゃま》になってるわけで、〝喉《のど》に刺《さ》さった骨〟みたいになってます。

この、台湾、沖縄ですね。もし、台湾が取れたら、次は沖縄も取りたいでしょうけど、台湾、沖縄の、この二つを取ったら、もはや、中国海軍は何も邪魔なく、自由にやれる。

この南シナ海から、あと、日本がやっていた〝大東亜共栄圏《だいとうあきょうえいけん》〟全部を、自分たちが、もう一回やりたいわけで。ハワイまで取りたいわけだから、大東亜共栄圏そのものですね？　これを、今、中国がやろうとしているというところですね。

「これに対して、いかなる対抗勢力が出てくるか」ということですけれども、アジアの諸国は、あなたがた（日本人）が戦後に培《つちか》った世論《せろん》や常識とは違《ちが》って、やっぱり、どちらかといえば、「日本に、防波堤《ぼうはてい》になっていただきたい」という気持ちを持っている。少なくとも、中国を牽制《けんせい》する抑止力《よくしりょく》くらいにはなってもらわないと困る。

また、オバマ大統領のような、「撤退《てったい》、撤退」を繰《く》り返して、各地で紛争《ふんそう》を拡大していくような大統領では、アメリカは、もう、これは役に立たないということです。

もちろん、別に、アメリカ中心の歴史が終わっても構わないけれども、ただ、今度は、自分たちが侵略される。「中国が正しいから」ということで侵略されるっていうことは、やっぱり、中国内部の他民族が侵略されていった歴史を見るかぎり、同じようなことが繰り返されるのは分かっているので。これは、もう、「日本軍はしなかったようなことを、彼らは、必ずやる」と見ている。

里村　はい。

日本は基本的に「共存共栄《きょうそん》」を目標としていた

中川州男　日本は、基本的に、「大東亜共栄圏」といったように、「共存共栄《きょうそん》」を目標としていた。

もちろん、（現地には）不本意な部分はあったかもしれないし、物資の供給とか、食糧の供給とかで無理を言ったところも、ないとは言えないけれども、いちおう、共栄するつもりでやった。

実際、私が行ったパラオのほうでは、そうであったので。共存共栄し、彼らになかった教育を与《あた》えたり、病院をつくったり、道路をつくったり、インフラをいっぱいつくったりしました。台湾もそうだったはずですよ。

里村　はい。

中川州男　だから、基本的に、そういう、「現地の人にもよかれ」という気持ちは入っていた。

綾織　そうですね。

中川州男　だから、収奪《しゅうだつ》するつもりでは入ってない。

イギリスなんかはインドに入っても、百五十年、インドは全然よくなってない。貧しくなる一方だった。収奪していた。

里村　はい。

中川州男　ね？　砂糖だ、紅茶だ、綿織物だと、いろいろ収奪ばっかりしてたわけですから。

やっぱり、（日本は）彼ら（欧米《おうべい》）と、基本的に考え方は違ったというふうに思う。「同朋《どうほう》」という考え方は、ちゃんと持っていたので。

「日米同盟」が切れたら、沖縄《おきなわ》は中国領土になる

中川州男　まあ、中国、韓国《かんこく》らの悔《くや》しさ、「戦って勝ったのではない」ということの悔しさが、韓国であれば竹島《たけしま》？　最近、「竹島の日（二月二十二日）」があったと思うが、竹島を戦後、占領したのは韓国であるけど、これは歴史的事実ですよ。みんなは知ってる。みんな知ってるけど、言えないでいるだけですよね。

日本に軍隊がない……、新憲法により軍隊はなくなり、「国際的な紛争を解決する手段としての戦争は、一切放棄《いっさいほうき》する」っていうので、（日本領土を）取り放題の象徴《しょうちょう》が「竹島」だよね？　軍隊のないところから取るのは簡単ですよ、そんなもんね。中国はこれをまだ十分できてないから、やりたくてしょうがないわけです。

基本的には、あっち（中国）も原爆《げんばく》……、核《かく》ミサイルを持ってますから、最終

戦争的には勝てるわけないので。向こうが「人道主義」を捨てたときには、まあ、日本が勝てないのは分かっている戦いですわねえ。

だから、日米同盟があるうちはいいかもしれないけども、これに楔《くさび》を打ち込もうとしてるのは間違いないでしょうね。日米同盟が切れたら、とたんに沖縄《おきなわ》は中国領土になってるでしょうね。

里村　それでは、ペリリュー島でアメリカと戦った中川大佐のお立場からしても、「日米同盟の堅持《けんじ》」というのは、決して離《はな》してはならないということでしょうか。

中川州男　現時点の体制で日本を護《まも》るとしたら、これは仕方がないでしょうねえ。ほかに道はないですね。もう、核兵器を持っている国に囲まれてるわけですから。

それ以外だったら、インドに、「日本を攻《せ》めてくるところに核兵器を撃《う》ち込んでくれ」って頼《たの》み込んでも、インドがやってくれるかどうか分からないですからねえ。

日本を籠絡《ろうらく》しようとする中国の「国策」

及川　先ほど、大川総裁も事前の説明で触《ふ》れられたのですが、五年ほど前にアメリカのテレビ局が、「ザ・パシフィック」という太平洋戦線を扱《あつか》ったドキュメンタリードラマをつくりました。そのドラマの十回分のうちの三回が、ペリリュー島の戦いでした。

つまり、残念ながら現時点でいうと、ペリリュー島の戦いや中川大佐について、われわれ日本人よりも、アメリカ人のほうがよく認識しているのではないかと思われます。

中川州男　うん、うん。

及川　戦後七十年の今、アメリカ人に、もう一度、この歴史を振《ふ》り返ってもらうとしたら、どういう視点を持ってもらいたいと思われますか。

中川州男　まあ、おそらくアメリカには、このままであれば中国と、何らかの軍事的な衝突《しょうとつ》がどっかで起きるだろうね。「中国との衝突」が起きるだろうと思いますから。そらあ、南沙諸島を中心にするか、台湾を中心にするか、沖縄を中心にするか、あるいは、もっと南まで来るか分かりませんけれども。

まあ、日本の小笠原《おがさわら》諸島まで中国の漁船が、わが物顔で珊瑚を捕《と》りに来て、つい最近の旧正月には、中国人が銀座《ぎんざ》で大いに買い漁《あさ》って帰ったとのことであるので。もう〝植民地化〟を進めてるわけですよ、どんどん。

「中国マネーで、日本は景気がよくなるんだよ」っていうことを見せるために、わざとやってるんで。中国の富裕《ふゆう》階級に、日本に行って買い物をさせて、「中国に、どんどん工場進出して、貿易を大きくしないと、日本は先がないんだよ」と。あれは国策でやってるんですよ。

里村　国策ですか。

中川州男　うん、国策でやってるんで。（日本に）金を落として、中国がいかにも金があるように見せてるのね。そうやってるんですけども。

まあ、それで籠絡《ろうらく》されていくかどうか、「知力戦」が始まっているわけで。

日本が生き残るための「エネルギー開発」とは

中川州男　だから、沖縄みたいに、反米運動と、それから、先の原子力の放射能問題も含《ふく》めて日本で原子力追放運動もやってるけども、これで喜ぶのは、もちろん中国ですわねえ。原子力がなくなれば、日本は、もはや工業国家として終わりが来ますね。

今は、ほとんどあちらのペルシャ湾のほうから石油が来ているけれども、先ほど言った海南島のところに最大の軍港があるわけで、中国海軍はここから出撃してきますので。台湾が落ちた場合……、台湾が中国に併合《へいごう》された場合は、西からの石油が（日本に）入らなくなる。「ＡＢＣＤ包囲網《もう》」じゃないけど、石油が入らなくなる。

そうすると、南から迂回《うかい》するしかなくなるわけだけど、（中国は）フィリピンを押《お》さえ、さらに今、オーストラリアのほうへと〝触手《しょくしゅ》〟を伸《の》ばしていってるわけで。

まあ、オーストラリア等も気がついてきていて、ようやく方針を変えているし、ベトナムも変えているし、タイやカンボジアあたりも、「日本寄りに変わっていかないと、これは危ない」と考え始めているので、今は思想戦が始まっているところだけれども。

要するに、南周りでさえ石油が入らなくなったら、日本はもう大変なことになるわね。

だから、生き残る道は、今は止《と》められている「高速増殖炉《ぞうしょくろ》もんじゅ」みたいな、半永久的に使えるようなエネルギーを開発する以外に方法はないんで。

まあ、ああいう太陽光発電みたいなパネルを張ったって、こんなの空爆したら一発で全部終わりですから。こんなもん、発電なんかには全然役に立ちません。

7　もう一段、日本人としての誇《ほこ》りを取り戻《もど》してほしい

「戦って死んだ日本人たちは、日本の繁栄《はんえい》を祈《いの》り続けている」

綾織　戦後七十年ということで、歴史問題も重要なのですが、同時に、亡《な》くなった方々の慰霊《いれい》についても大事かと思います。

天皇陛下《へいか》も今回、慰霊の目的でペリリュー島へ行かれる予定ですけれども。

中川州男　うん、うん。

綾織　実際にペリリュー島で亡くなった方々、あるいは、そのほかの戦地で亡く

なった方々が、今はどういう状態で、現代の日本人に対して何を求めているのでしょうか。

中川州男　いやあ、みんなねえ、日本の繁栄《はんえい》を祈《いの》り続けています。

綾織　ああ……、はい。

中川州男　ええ。だから、「自分たちの死を無駄《むだ》にしないでくれ」と思っていますね。

まあ、でも、（地上に新しい魂《たましい》として）生まれ変わった方もかなりおります。七十年もたってますので。

里村　あっ……、そうですか。

中川州男　ええ。

ペリリュー島で戦死した日本兵の多くは、天国へ還《かえ》っている

里村　これはある意味で、霊的な部分から正義を考える上で、非常に重要だと思うのですが、アメリカや先の戦争で勝った側は、「自分たちは正義で、神の側と悪魔《あくま》の側が戦って、ファシスト、ファシズムの悪魔の側が負けたんだ」と言っています。

もし、彼らが言っていることが事実ならば、例えば、ペリリュー島の日本兵の死者は地獄《じごく》のほうに堕《お》ち、最終的に勝った側のアメリカ兵の死者は、天国に行っていることになります。中川大佐《たいさ》を含《ふく》めた部下の方々は、ペリリュー島で亡くな

ったとき、どうだったのでしょうか。

中川州男　まあ、もちろん個人差がだいぶあるので。個人の信念があるので、天国も地獄も分かれることはあったし、アメリカ軍も、それは同じでしょう。

死んだ人はみんな英雄《えいゆう》にしてくれるのかもしれないけれども、おそらく、全員が英雄で、神の下《もと》に召《め》されたわけではないだろう。恨《うら》みを持って死んだ人、残念な気持ちがあった人はいっぱいいいると思うので。

里村　ええ。

中川州男　両者……、それは戦闘《せんとう》のあとはね、一種の地獄になることは事実ではあるけども、だんだん時間もたつにつれて沈静《ちんせい》化していって、まあ、泥水が澄《す》んでいって、だんだん上澄《うわず》みになってくるように、分離《ぶんり》していきますから。底に溜《た》まったものと、上が澄んだ部分ができてくるので。これは人によって、だいぶ差はあります。

だから、真実、愛のために祖国を護《まも》った人たち、あるいは、家族のために護って、戦って逝《い》った人たちと、何の思想もなく、ただただ命じられてやっただけで迷ってる人と、両方存在します。それから、餓死《がし》していくところがつらくて迷ってる、そういう唯物《ゆいぶつ》的に食糧で苦しんでいた者もいることはいますが。

まあ、今のところ、一万人亡くなって、うーん……、どうかね。まあ、キチッと戸籍《こせき》調査みたいにできるわけではありませんけども、一万人亡くなったうちの七千人ぐらいは、天上界《てんじょうかい》には上がったと思っている。

里村　はあ……。

中川州男　ええ。まあ、三千人ぐらいは、いったん苦しんでいる方もいると思います。

ただ、七千人ぐらい、天上界に還《かえ》った者のうち、だいたい半分ぐらいは、もう一回、日本に生まれ変わっています。

里村　ああ！　なるほど。

中川州男　うん。すでに戦後、人生のやり直しをもう一回やっていますね。そういう状態ですね。

まあ、私は、あと、フォローするつもりではおりますけどね。

日本の軍人は「英雄」としての扱《あつか》いを受けるようになる

中川州男　だから、先のA級戦犯《せんぱん》等で指定されて死刑《しけい》になった人もいっぱいいると思うけれども、例えば、「マレーの虎《とら》」と言われた山下奉文《やましたともゆき》大将とかは、本来、英雄に当たる人でしょうね。これは英雄でしょう。これは英雄ですよね。そういう、ちゃんとした扱《あつか》いを受けるようになると思いますよ。

だから、ニミッツ（の詩文）だって、ペリリュー島で石碑《せきひ》になってるぐらいですから。かつてのねえ、何……。

里村　「テルモピレーの戦い」ですね。

中川州男　そう、そう、そう。うん。

山下奉文《ともゆき》（1885～1946）　太平洋戦争緒戦、司令官として英領マレー半島等への快進撃から、「マレーの虎」と評された。対米フィリピン戦での降伏後、マニラの軍事裁判で、死刑判決を受けた。処刑前に、日本人の倫理観の欠如の憂慮や、女子教育の推進等を遺言として後世に託していた。

里村　あの「スパルタ対ペルシャ」の……。

中川州男　そう。三百人のねえ、スパルタの戦士たちが、六万五千人以上の大軍と戦って散っていったあれ（テルモピレーの戦い）になぞらえてねえ、われわれのことを、石碑につくってくれている。「旅人たちよ、これに気づけ。英雄たちが眠《ねむ》っているのを知れ」というようなことが書いてありますけど、そういうことが、もっともっと知られてくるように、たぶん、なってくると思います。

アメリカもですね、ベトナム戦争や、それからイ

碑文に記されている内容

TOURISTS FROM EVERY COUNTRY WHO VISIT THIS ISLAND SHOULD BE TOLD HOW COURAGEOUS AND PATRIOTIC WERE THE JAPANESE SOLDIERS WHO ALL DIED DEFENDING THIS ISLAND

〈和訳〉

諸国から訪れる旅人たちよ この島を守るために日本軍人が
いかに勇敢な愛国心をもって戦い そして玉砕したかを伝えられよ

ラク戦争等を通じて、「完全なる正義の戦争はない」っていうことをよく知ってきている。イラク戦争は正義だと思ったけど、そのあと、今、続いてることを見れば、フセイン政権を倒《たお》したことが尾《お》を引いて、どれだけの人が死んでいったか、今、死につつあるか。まあ、今は知りつつあるところなので。

やっぱり、「宗教や文化、人種、民族の違《ちが》いを無視した正義っていうのはないんだ」ということは知らなきゃいけないね。

里村　なるほど。

天皇陛下《へいか》のペリリュー島ご訪問は「ありがたい」

里村　先ほど、「七割ぐらいの方が天上界のほうに戻られた」と言われましたが、そうした方々は、一度、靖国《やすくに》のほうに行かれるのでしょうか。

中川州男　まあ、行けた人もいるし、「靖国に行ける」という認識を持てなかった人もいることはいるけどども。

ただ、天皇陛下《へいか》がペリリュー島にお見えになって……。まあ、（魂《たましい》が）骨に宿ってるわけではありませんけどね。気持ちだけですが、「われわれを慰労しに来てくださる」ということ自体は、みんなに気持ちとしては伝わるんではないかと思うけどね。

里村　なるほど。そうすると、ご訪問は大きなきっかけになるわけですね？

中川州男　それはありがたいね。できれば、昭和天皇に来ていただければ、もっとうれしかっただろうとは思うけど。「よく頑張《がんば》ってくれたね」と言ってくれれば、もっとうれしかっただろうけどもね。

綾織　日本軍全体では、何百万人も亡くなっているわけですけれども、やはり七割ぐらいは天上界に還られているのですか。

中川州男　まあ、でも、亡くなったのは民間人も含めて三百万ぐらいでしょう？　当時の人口は八千万か、八千五百万か、まあ、八千万ちょっと。「一億玉《ぎょく》砕《さい》」と言いつつ、八千万台だったと思うのが、今、一億二千何百万まで増えたんですから、十分報《むく》いられていると思いますよ。戦後の繁栄でね。

まあ、これからの国についても憂《うれ》いてはおりますけれども、いずれ歴史が変わってくると、見方は変わると思いますよ。

アメリカは今、経験を積んでいるところなので、沖縄《おきなわ》でも、台湾《たいわん》でも、それからフィリピンでも、これから、もう一回、経験をすることになるでしょうけれどもね。

里村　なるほど。

中川州男大佐の「最期《さいご》」と「死後」の様子について訊《き》く

綾織　中川大佐の最期《さいご》の場面も気になります。「自決された」とか、「アメリカ兵を相手に討《う》ち死にした」とか、いろいろな説があるのですが、実際には、その後（死後）も含めて、どういう経過をたどったのでしょうか。

中川州男　まあ、食糧も水もなく、弾薬《だんやく》もなくなった状態なので、最期は日本刀を持って斬《き》り込《こ》みをかけました。

綾織　そうだったのですか。

中川州男　うん。斬り込みをかけました。夜襲《やしゅう》ですね。夜襲をかけました。夜襲をかけましたが、私もかなりの負傷を負いまして、もう、これ以上戦えない状態になったので、西郷隆盛《さいごうたかもり》の最期と同じように、「もう、このへんでよい」ということで、切腹《せっぷく》して介錯《かいしゃく》してもらったということで、亡くなりました。

里村　ああ、そうですか……。

綾織　その後はスムーズなかたちで天上界に還られたのか、あるいは、ある程度、何か責任を感じられて、地上に少しとどまられたとか……。

中川州男　まあ、もちろん、戦闘中ではありましたから、すぐに島を離れられる状態でなかったことは、事実ではありますけれども、少なくとも、終戦のころには、もう天上界には還っていたと考えていただいてよろしいと思います。

綾織　先ほど、山下大将の話も出ましたけれども、そうした方々と一緒《いっしょ》にいらっしゃるのですか。

中川州男　うん。みんな、天上界に還ってますよ、ちゃんと。

綾織　あっ、そうですか。

中川州男　だから、終戦後の「悪」という判定は、神様の判定とは一緒にはなってない。

綾織　なるほど。例えば、有名な方ですと、インドネシアの統治もされました今《いま》村均《むらひとし》大将がいますが、こうした方々もいらっしゃいますか。

中川州男　まあ、個人個人については、各人に訊《き》くべきだと思うので、私のほうから言うのは差し控《ひか》えたいと思いますけれども。

「われわれが犬死にでなかったと思ってくれることが、最高の供養《くよう》」

中川州男　まあ、全部が全部、天上界に上がったわけではございません。もちろん、責任を深く感じて自責《じせき》の念で亡くなった人たちとともに、その場で留《とど》まって

●今村均（1886～1968）　第二次世界大戦時、司令官として、オランダ領東インド（インドネシア）を短期間で攻略した「蘭印作戦」を指揮。太平洋戦争における日本の最重要戦略目標であるパレンバンの油田地帯を制圧した一方で、占領地住民や下級兵への人道的対応を行った。

おられる方も一部いるとは思いますけども、大多数の人たちは死を自覚……。もちろん、魂も死も知った上で戦っておりますので。

まあ、靖国に行った方もいるとは思いますけども、靖国が〝機能〟してないのでね。正直言って、あんまり。はっきり言って。

外国の干渉《かんしょう》によって、「首相官邸《かんてい》にあんな近いところにある神社であるのに、首相が参拝《さんぱい》もできない」っていうような屈辱《くつじょく》的な状況《じょうきょう》が、七十年もずーっと続いてるような状況ですし、自衛隊に関しても、「軍隊でない」とか言い続けなきゃいけない状態がずーっと続いてる状況で、靖国の〝浄霊《じょうれい》機能〟っていうか、そういうのが非常に弱いですよね。

だから、もうちょっと、われわれの散っていったことをですねえ、ちゃんと後世の人たちが認めてくださって……。アメリカなら、みんな英雄扱いをされるんでしょうけども、そうしてくだされば、安らぐ人も多いと思うんです。

やっぱり、戦闘のところで意識が途切《とぎ》れてる方もいることはいるので、ほんとの意味での供養《くよう》っていうのは、やっぱり、われわれの戦いが単なる犬死にでなかったと思ってくださることが、「最高の供養」だと思います。

里村　やはり、「祖国や家族を護る大きな意味があった」ということですね。

中川州男　大事なことですよ。過去の戦争では、ヨーロッパだって、新教と旧教等の宗教戦争で、国の人口が三分の一とか、四分の一とかになるまでの戦いをやってますから。（先の大戦は）それほどまでの戦いじゃありませんから。三百万人が死んだとしても、あと八千万人は生き残りましたからね。それは、やっぱり、よく戦ったがゆえにそれで止まったところもあるわけなので。

それと、「天皇制」の体制を残すことができたのでね。まあ、それについてはありがたいと思っていますけれども、もう一段、「日本人としての誇《ほこ》り」を取り戻していただきたいなと思いますよ。

8　中川大佐《たいさ》は今、どこにいるのか

楠木正成《くすのきまさしげ》などがいる「軍神《ぐんしん》の世界」に還《かえ》っている

里村　中川大佐《たいさ》は今、霊界《れいかい》のどういうところにおられるのでしょうか。どういう方々と……。

中川州男　「どういう方々と」と言っても、うーん、まあ、楠木正成《くすのきまさしげ》とか、そういう人たちと同じようなところだね。

里村　そうすると、「高天原《たかまがはら》」とか、日本霊界と近いところですか。

中川州男　うーん……。まあ、軍神《ぐんしん》の世界ではあるわね。

綾織　先ほど、大川隆法総裁から、「真田幸村《さなだゆきむら》」という名前も出ましたが、もしかして、何かかかわりがありますか。

中川州男　うーん、直接はかかわりがありませんが、近いところにいるわねえ。

里村　近いところにいらっしゃるんですか。

楠木正成（鎌倉時代末期～南北朝時代）建武の新政の立役者として足利尊氏らと共に活躍。

真田幸村（1567 ～ 1615）江戸時代初期の大坂の陣で豊臣方の武将として活躍。

中川州男　まあね、同じようなところに……。

綾織　大坂冬の陣《じん》、夏の陣を一緒《いっしょ》に戦ったような方ですか。

中川州男　うーん……。まあ、そういう……。ああ、過去世鑑定《かこぜかんてい》してるのか？　君たちは。

里村　鑑定ではございません。「英雄《えいゆう》の魂《たましい》がどのような転生《てんしょう》をするのか。それを後世《こうせい》に遺《のこ》したい」と私たちは考えておりまして……。

中川州男　まあ、日本には軍神はたくさんおりますよ。このちっぽけな国が今まで三千年の独立を保てているっていうのは、やっぱり軍神たちが護《まも》ってきたからでありますのでねえ。

そういう意味で、私たちは日本国民一億人の楯《たて》になったつもりでいる。「楯として砕《くだ》け散っても悔《く》いはない」という気持ちであるのでね。

まあ、それほど有名な者ではないが、「やや軍師的な機能も備えた将」として戦ったことは、過去、何度かはあるだろうな。

「大いなるものを守るために戦って散った」という過去世《かこぜ》

里村　例えば、今の大佐のお言葉を使って「日本本土」を「大坂《おおさか》城」に換《か》えて言えば、後藤又兵衛《ごとうまたべえ》という黒田藩《くろだはん》から出てきた、軍師と将の両方をやった方がいらっしゃるのですが、関係はございませんか。

後藤又兵衛（本名：後藤基次／戦国時代 〜 江戸時代前期）

中川州男　うーん……。ズバリ、そういう固有名詞と一緒ではないんだけどもね。まあ、どっちかというと、うーん……。たくさん、いろんな方が戦《いくさ》のときには働いているのでね。まあ、いろんなところでいろんな役割をしているので、私のような玉砕《ぎょくさい》した者が、あんまり大きな名前を語るのはよろしいことではないので。まあ、「守備隊長」として死んだわけだから、その程度の者だと思ってくれたほうが気が楽でいいね。

里村　本当に謙虚《けんきょ》な大佐らしいお言葉だとは思いますけれども、「あえて、この場では語らず」ということで。

中川州男　だから、「大いなるものを守るために、過去、幾度《いくど》も、そうした戦いを経験し、散っていった者の一人である。あるときは大名《だいみょう》を、あるときは天皇を守るために戦って散っていくことが多かった人間の一人ではある」というふうに言っていいわなあ。

やっぱり、一万人の人とともに散った者が、自分の名を、後世にあんまり大きく遺そうとするのはよろしくないことであるので、それは控《ひか》えたいと思う。

里村　分かりました。

「責任を持って、最後の一兵まで救い上げたい」

里村　それでは、少し観点を変えます。中川大佐は現代についても非常によくご存じでいらっしゃいますけれども、天上界《てんじょうかい》からずっとご覧になっているのですか。

また、「天上界に還《かえ》った七千人のうち、半分ぐらいがまた生まれ変わっている」

というお話もありましたが、ご自身はいかがなのでしょうか。

中川州男　まあ、それはねえ、あれだけの玉砕をしており、責任がありますので、全員が救済されるまでは、やっぱり私自身は生まれるわけにはいかないと思っております。「責任を持って、最後の一兵《いっぺい》まで救い上げたい。魂を救済したい」と思ってます。軍神ながら、「救済をする天使」みたいな役割もしてはいます。

ただ、あえていうなら、乃木神社《のぎじんじゃ》、東郷《とうごう》神社等があるように、そういう人たちと並べられるのは……。まあ、彼らは勝ったから、神様になっているけれども、そういう神社に相当するようなものが天上界にはあって、「天上界の中川州男《なかがわくにお》神社」もあることはあるんです（笑）。「地上にはないが、あの世にはあることはあるんだ」ということは言っておきたい。

里村　「この霊言《れいげん》がそのきっかけになる」と私どもは思っております。

9　唯物《ゆいぶつ》主義から脱却《だっきゃく》する「回天の偉業《いぎょう》」を成せ

「地上の生命《せいめい》がすべてではない」ということが根本《こんぽん》にある

中川州男　まあ、ペリリュー島にも何か鳥居《とりい》が欲《ほ》しいなあ。神社をちゃんと建ててほしいですなあ。

里村　いちおう、現地のほうにも、かたちばかりのものはあるようなのですが、しっかりとした信仰《しんこう》の対象としてのものですね。

1934年に建設され、島の繁栄を祈願されてきたペリリュー神社（南興神社）。天照大神を主祭神とし、1944年のペリリュー島の戦いで亡くなった一万余名の英霊が併祀されている。

中川州男　唯物論《ゆいぶつ》の思想がそうとう入っているんでねえ。唯物論的に「この世の生命《せいめい》がすべてだ」ということで、生き長らえることだけがすべてで、医学で救ったり、食料で救ったり、あるいは、「平和主義で、とにかく悪でも何でも構わないから、抵抗《ていこう》しないで生き延びればいい」みたいな考えが、けっこう蔓延《まんえん》してきている。

やっぱり、「地上の生命がすべてではないんだ」ということが、根本《こんぽん》の根本だからね。永遠の生命があって、地上には何らかの仕事経験、魂《たましい》経験のために下りている。そのときに「善悪」を知り、「智慧《ちえ》」とは何かを知り、あるいは「天使と悪魔《あくま》の違《ちが》い」を知り、あるいは「人を愛することと憎《にく》むことの違い」を知るということだね。

別にアメリカ軍を、私は憎んでいないよ。ペリリュー島で亡《な》くなったアメリカの方々に対する慰霊《いれい》の気持ちは、私だって持っていますよ。彼らは彼らなりに、玉砕《ぎょくさい》したわれわれも、「ある意味では英雄《えいゆう》だった」と見てくれているわけなので、そういう意味ではフェアな軍人精神を持っていると思う。

だから、日本のほうから届く念波《ねんぱ》が非常に弱いので、しっかりしてほしいなあとは思うね。

もう一段の「権威《けんい》」を持ち、「尊敬」を受ける日本へ

里村　最後にお伺《うかが》いしたいことがあります。

今年は戦後七十年ですが、先般《せんぱん》、「イスラム国」による日本人人質《ひとじち》事件が発生し、日本国内では、「人命優先」「人命第一」ということが言われていました。もちろん、命は大事でございますけれども、中川大佐《たいさ》が「唯物論的」とおっしゃった流れのなかで、日本には「命あっての物種《ものだね》」主義のようなものが蔓延している感じがいたします。

そういう点と、「今年、談話を出す」と言っている安倍《あべ》首相を視界に入れたなかで、現代日本人へのメッセージがございましたら、お願いしたいと思います。

中川州男　まあ、安倍首相も、かなりこの世的なことに足を引きずられているのでね。この世的な小さな攻撃《こうげき》がいっぱいあるので足を引きずられている。左翼《さよく》の攻撃や巻き返しがかなり強いようですからね。

まあ、分かるけどね。「言論が政府を批判的にしとれば、うまく見逃《みのが》さないように攻撃しとれば、（政府は）悪いことをしない」っていうふうな見方、性悪説もよく分かることは分かるし、自信を持ちすぎると失敗することも事実だからね。だから、「彼一人の考えで、国が全部変わったらいけない」という考えもあるんだろうけどね。

ただ、そろそろ時期が来たんじゃないかね。安倍さん個人に頼《たよ》るんじゃなくて、

「（首相が）誰《だれ》であっても、日本があるべき地位を占《し》める国家になっていかねばならん」というふうには思うよ。

里村　国民一人ひとりが、そうした考えを持つべきであると。

中川州男　うん。「（イスラム国に）日本人が二人殺された」っていうのは残念なことかもしれないけれども、産油国からあれだけ多くの石油を買い上げて、彼らの経済も支えてきた国であるんですから、やっぱり、もう一段の「権威《けんい》」があってもいいんじゃないかね。「権威」と「尊敬」を受けていいいんじゃないかとは思うけれどもね。

里村　「尊敬を受けるような国になっていけ」と……。

中川州男　国家としてちゃんと機能することが大事だね。だから、はっきりと言うべきことを言うことが大事だというふうには思うね。

里村　はい。そういう国になれるように、私《わたくし》ども幸福の科学グループ、幸福実現党は力を尽《つ》くしてまいりたいと思います。

「必ず『回天の偉業《いぎょう》』が成されると思う」

中川州男　靖国《やすくに》問題と言いつつも、結局、科学的唯物主義、マルクス・レーニン主義からの「科学的社会主義」そのものなんじゃないの？　これが戦後の日本になってるんじゃないの？　これは中国が呑《の》み込《こ》めるわな。こういう考えならな。だから、呑み込めないような思想信条に変えないといけないんじゃないかねえ。

でも、この国の神様はけっこう強いですよ。そんな簡単に屈服《くっぷく》はしませんよ。

里村　はい。そうした神様の意思を、まだまだ国民は受けていないと。

中川州男　うん。まあ、（日本の神様は）強いですよ。必ず「回天の偉業《いぎょう》」が成されると思いますよ。

里村　はい。私どもは、そのために地上のほうでも頑張《がんば》ってまいりたいと思います。

中川州男　うん、うん。

里村　（質問者に対して）よろしいですか。
　それでは、本日は長時間にわたって、いろいろとお話を賜《たまわ》り、ありがとうございました。

中川州男　うん。「死のみを恐《おそ》れるなかれ」、それから、「愛のためでなければ戦えないんだ」ということを、国民にもよく分かっていただきたいと思いますね。

里村　はい。しっかりと伝えさせていただきます。

中川州男　はい。

綾織・里村　ありがとうございました。

10　中川大佐《たいさ》の霊言《れいげん》で国論に影響《えいきょう》が出ることを祈《いの》る

大川隆法　はい（手を一回叩《たた》く）。（中川大佐《たいさ》の）心境はかなり澄《す》み切っていますね。

里村　はい。

大川隆法　これはそうとうです。七十数日も死闘《しとう》して、大変ではあっただろうけれども、やはり、人間的に立派な方だったのではないでしょうか。そのように思います。

里村　はい。

大川隆法　やはり、「戦後の反省」を、きちんとしなければいけないのかもしれません。それが、あとから生まれた者の責任でしょう。

里村　はい。

大川隆法　映画「永遠の0《ゼロ》」（二〇一三年十二月公開）あたりから流れが変わってこようとしているのだと思います。しばらく凌《しの》ぎ合うだろうけれども、やはり、「国を護《まも》るため、発展させるために戦う人たちは大事なのだ」ということですね。

天皇陛下《へいか》がパラオに行かれる前に、当会からこうした考えが出てくることで、国論に何らかの影響《えいきょう》が出てくることを祈《いの》りたいと思います。

里村　しっかりと広めるよう努力してまいります。

大川隆法　はい。ありがとうございました。

一同　ありがとうございました。

あとがき

私は戦争自体はないほうがよいと思っている。その点、戦後七十年、一国平和主義ではあったとしても、日本人が平和と繁栄の時代を享受《きょうじゅ》できたことをうれしく思う。

反面、科学的実証主義万能になって、宗教心や神の正義が、教育や道徳から姿を消したことを残念に思う。

また反省が過ぎて卑屈《ひくつ》になり、物事の善悪がわからなくなったり、真実を言葉一つで言いのがれする国民性ができてきたことに対し、恥ずべきことだと思っている。
先の大東亜《だいとうあ》戦争は、日本の神々のご意思でもあられた。欧米列強の植民地支配からアジアの同朋《どうほう》を解放したいという願いは本当だった。これを明言し、新しい国造《くにづく》りに入っていきたいと思う。

二〇一五年　三月三日

幸福《こうふく》の科学《かがく》グループ創始者兼総裁《そうししゃけんそうさい》　大川隆法《おおかわりゅうほう》

『パラオ諸島ペリリュー島守備隊長　中川州男大佐の霊言』大川隆法著作関連書籍

『「首相公邸の幽霊」の正体
——東條英機・近衛文麿・廣田弘毅、日本を叱る！——』（幸福の科学出版刊）

『天に誓って「南京大虐殺」はあったのか
——『ザ・レイプ・オブ・南京』著者アイリス・チャンの霊言——』（同右）

『南京大虐殺と従軍慰安婦は本当か
——南京攻略の司令官・松井石根《いわね》大将の霊言——』（同右）

『公開霊言　東條英機、「大東亜戦争の真実」を語る』（幸福実現党刊）

『原爆投下は人類への罪か？
——公開霊言　トルーマン＆F・ルーズベルトの新証言——』（同右）

パラオ諸島《しょとう》ペリリュー島守備隊長《とうしゅびたいちょう》
中川州男《なかがわくにお》大佐《たいさ》の霊言《れいげん》
──隠された〝日米最強決戦〟の真実──

2015年3月7日　初版第1刷
2015年4月7日　第3刷

著　者　大《おお》　川《かわ》　隆《りゅう》　法《ほう》

発行所　幸福の科学出版株式会社
〒107-0052 東京都港区赤坂2丁目10番14号
TEL(03)5573-7700
http://www.irhpress.co.jp/

印刷・製本　株式会社 東京研文社

落丁・乱丁本はおとりかえいたします

ISBN978-4-86395-653-7 C0030
写真：The National WW Ⅱ Museum ／ 時事 ／ 内閣官房内閣広報室 ／ 高橋義男 /PIXTA

大川隆法霊言シリーズ・近隣諸国の歴史認識を問う

日本よ、国家たれ！ 元台湾総統 李登輝守護霊 魂のメッセージ

「歴史の生き証人」李登輝・元台湾総統の守護霊が、「日本統治時代の真実」と「先の大戦の真相」を激白！ その熱きメッセージをすべての日本人に。

1,400円

守護霊インタビュー 朴槿恵韓国大統領 なぜ、私は「反日」なのか

従軍慰安婦問題、安重根記念館、告げ口外交……。なぜ朴槿恵大統領は反日・親中路線を強めるのか？ その隠された本心と驚愕の魂のルーツが明らかに！

1,500円

中国と習近平に未来はあるか 反日デモの謎を解く

「反日デモ」も、「反原発・沖縄基地問題」も中国が仕組んだ日本占領への布石だった。緊迫する日中関係の未来を習近平氏守護霊に問う。

【幸福実現党刊】

1,400円

※表示価格は本体価格（税別）です。

大川隆法 霊言シリーズ・戦後体制の是非を問う

日米安保クライシス

丸山眞男 vs. 岸信介

「60年安保」を闘った、左翼系政治学者・丸山眞男と元首相・岸信介による霊言対決。二人の死後の行方に審判がくだる。

1,200円

憲法改正への異次元発想

憲法学者NOW・
芦部信喜 元東大教授の霊言

憲法九条改正、天皇制、政教分離、そして靖国問題……。参院選最大の争点「憲法改正」について、憲法学の権威が、天上界から現在の見解を語る。
【幸福実現党刊】

1,400円

マッカーサー 戦後65年目の証言

マッカーサー・吉田茂・
山本五十六・鳩山一郎の霊言

GHQ最高司令官・マッカーサーの霊によって、占領政策の真なる目的が明かされる。日本の大物政治家、連合艦隊司令長官の霊言も収録。

1,200円

幸福の科学出版

大川隆法ベストセラーズ・日本のあるべき姿を考える

自由を守る国へ

国師が語る「経済・外交・教育」の指針

アベノミクス、国防問題、教育改革……。国師・大川隆法が、安倍政権の課題と改善策を鋭く指摘！ 日本の政治の未来を拓く「鍵」がここに。

1,500円

国際政治を見る眼

世界秩序《ワールド・オーダー》の新基準とは何か

日韓関係、香港民主化デモ、深刻化する「イスラム国」問題など、国際政治の論点に対して、地球的正義の観点から「未来への指針」を示す。

1,500円

「集団的自衛権」はなぜ必要なのか

日本よ、早く「半主権国家」から脱却せよ！ 激変する世界情勢のなか、国を守るために必要な考え方とは何か。この一冊で「集団的自衛権」がよく分かる。【幸福実現党刊】

1,500円

※表示価格は本体価格（税別）です。

大川隆法シリーズ・**最新刊**

実戦マーケティング論入門

経営を成功に導くための市場戦略

総合商社でのニューヨーク勤務と巨大非営利事業の経営成功体験から、抽象論になりがちな「マーケティング論」を〝実戦〟に即して入門解説。

1,500円

アイム・ハッピー

悩みから抜け出す５つのシンプルなヒント

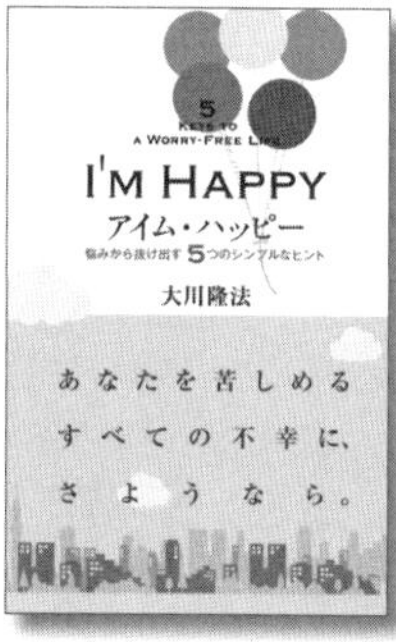

思い通りにいかないこの人生……。そんなあなたを「アイム・ハッピー」に変える、いちばんシンプルでスピリチュアルな「心のルール」。

1,500円

ニュートンの科学霊訓

「未来産業学」のテーマと科学の使命

人類の危機を打開するために、近代科学の祖が示す「科学者の緊急課題」とは──。未知の法則を発見するヒントに満ちた、未来科学への道標。

1,500円

大川隆法 製作総指揮
長編アニメーション映画
UFO学園の秘密
The Laws of The Universe Part 0
信じるから、届くんだ。
STORY
ナスカ学園のクラスメイト５人組は、文化祭で発表する研究テーマに取り組んでいた。そんなある日、奇妙な事件に巻き込まれる。その事件の裏には「宇宙人」が関係しており、そこに隠された「秘密」も次第に明らかになって……。超最先端のリアル宇宙人情報満載！ 人類未確認エンターテイメント、ついに解禁！
監督／今掛勇　脚本／「UFO学園の秘密」シナリオプロジェクト
音楽／水澤有一　アニメーション制作／HS PICTURES STUDIO
10月10日、全国一斉ロードショー！
Hi!!!
UFO後進国日本の目を覚まそう！
UFO学園　検索

幸福の科学グループのご案内

宗教、教育、政治、出版などの活動を通じて、地球的ユートピアの実現を目指しています。

宗教法人　幸福の科学

一九八六年に立宗。一九九一年に宗教法人格を取得。信仰の対象は、地球系霊団の最高大霊、主エル・カンターレ。世界百カ国以上の国々に信者を持ち、全人類救済という尊い使命のもと、信者は、「愛」と「悟り」と「ユートピア建設」の教えの実践、伝道に励んでいます。

（二〇一五年四月現在）

愛

幸福の科学の「愛」とは、与える愛です。これは、仏教の慈悲《じひ》や布施《ふせ》の精神と同じことです。信者は、仏法真理をお伝えすることを通して、多くの方に幸福な人生を送っていただくための活動に励んでいます。

悟り

「悟り」とは、自らが仏の子であることを知るということです。教学《きょうがく》や精神統一によって心を磨き、智慧《ちえ》を得て悩みを解決すると共に、天使・菩薩《ぼさつ》の境地を目指し、より多くの人を救える力を身につけていきます。

ユートピア建設

私たち人間は、地上に理想世界を建設するという尊い使命を持って生まれてきています。社会の悪を押しとどめ、善を推し進めるために、信者はさまざまな活動に積極的に参加しています。

国内外の世界で貧困や災害、心の病で苦しんでいる人々に対しては、現地メンバーや支援団体と連携して、物心両面にわたり、あらゆる手段で手を差し伸べています。

年間約３万人の自殺者を減らすため、全国各地で街頭キャンペーンを展開しています。

公式サイト **www.withyou-hs.net**

ヘレン・ケラーを理想として活動する、ハンディキャップを持つ方とボランティアの会です。視聴覚障害者、肢体不自由な方々に仏法真理を学んでいただくための、さまざまなサポートをしています。

公式サイト **www.helen-hs.net**

INFORMATION

お近くの精舎・支部・拠点など、お問い合わせは、こちらまで！

幸福の科学サービスセンター

TEL. **03-5793-1727**（受付時間 火〜金：10〜20時／土・日・祝日：10〜18時）

宗教法人 幸福の科学 公式サイト **happy-science.jp**

幸福の科学グループの教育事業

2015年4月 開学

HSU

ハッピー・サイエンス・ユニバーシティ

Happy Science University

私たちは、理想的な教育を試みることによって、
本当に、「この国の未来を背負って立つ人材」を
送り出したいのです。

（大川隆法著『教育の使命』より）

ハッピー・サイエンス・ユニバーシティとは

ハッピー・サイエンス・ユニバーシティ（HSU）は、大川隆法総裁が設立された「現代の松下村塾」です。「日本発の本格私学」の開学となります。
建学の精神として「幸福の探究と新文明の創造」を掲げ、
チャレンジ精神にあふれ、新時代を切り拓く人材の輩出を目指します。

学部のご案内

人間幸福学部

人間学を学び、新時代を切り拓くリーダーとなる

人間の本質と真実の幸福について深く探究し、
高い語学力や国際教養を身につけ、人類の幸福に貢献する
新時代のリーダーを目指します。

経営成功学部

企業や国家の繁栄を実現し、未来を創造する人材となる

企業と社会を繁栄に導くビジネスリーダー・真理経営者や、
国家と世界の発展に貢献し
未来を創造する人材を輩出します。

未来産業学部

新文明の源流を創造するチャレンジャーとなる

未来産業の基礎となる理系科目を幅広く修得し、
新たな産業を起こす創造力と企業家精神を磨き、
未来文明の源流を開拓します。

校舎棟の正面

学生寮

体育館

住所 〒299-4325 千葉県長生郡長生村一松丙 4427-1
TEL.0475-32-7770

教育

学校法人 幸福の科学学園

学校法人 幸福の科学学園は、幸福の科学の教育理念のもとにつくられた教育機関です。人間にとって最も大切な宗教教育の導入を通じて精神性を高めながら、ユートピア建設に貢献する人材輩出を目指しています。

幸福の科学学園

中学校・高等学校（那須本校）
2010年4月開校・栃木県那須郡（男女共学・全寮制）
TEL **0287-75-7777**
公式サイト **happy-science.ac.jp**

関西中学校・高等学校（関西校）
2013年4月開校・滋賀県大津市（男女共学・寮及び通学）
TEL **077-573-7774**
公式サイト **kansai.happy-science.ac.jp**

ハッピー・サイエンス・ユニバーシティ（HSU）
TEL **0475-32-7770**

仏法真理塾「サクセスNo.1」 TEL **03-5750-0747**（東京本校）
小・中・高校生が、信仰教育を基礎にしながら、「勉強も『心の修行』」と考えて学んでいます。

不登校児支援スクール「ネバー・マインド」 TEL **03-5750-1741**
心の面からのアプローチを重視して、不登校の子供たちを支援しています。
また、障害児支援の**「ユー・アー・エンゼル！」運動**も行っています。

エンゼルプランV TEL **03-5750-0757**
幼少時からの心の教育を大切にして、信仰をベースにした幼児教育を行っています。

シニア・プラン21 TEL **03-6384-0778**
希望に満ちた生涯現役人生のために、年齢を問わず、多くの方が学んでいます。

NPO 活動支援

学校からのいじめ追放を目指し、さまざまな社会提言をしています。また、各地でのシンポジウムや学校への啓発ポスター掲示等に取り組む一般財団法人「いじめから子供を守ろうネットワーク」を支援しています。

公式サイト **mamoro.org**
ブログ **blog.mamoro.org**
相談窓口 **TEL.03-5719-2170**

政治

幸福実現党

内《ない》憂《ゆう》外《がい》患《かん》の国難に立ち向かうべく、二〇〇九年五月に幸福実現党を立党しました。創立者である大川隆法党総裁の精神的指導のもと、宗教だけでは解決できない問題に取り組み、幸福を具体化するための力になっています。

党員の機関紙
「幸福実現NEWS」

TEL 03-6441-0754
公式サイト hr-party.jp

出版メディア事業

幸福の科学出版

大川隆法総裁の仏法真理の書を中心に、ビジネス、自己啓発、小説など、さまざまなジャンルの書籍・雑誌を出版しています。他にも、映画事業、文学・学術発展のための振興事業、テレビ・ラジオ番組の提供など、幸福の科学文化を広げる事業を行っています。

アー・ユー・ハッピー？
are-you-happy.com

ザ・リバティ
the-liberty.com

幸福の科学出版
TEL 03-5573-7700
公式サイト irhpress.co.jp

THE FACT

ザ・ファクト
マスコミが報道しない
「事実」を世界に伝える
ネット・オピニオン番組

Youtubeにて
随時好評配信中！

ザ・ファクト 検索

入会のご案内

あなたも、幸福の科学に集い、ほんとうの幸福を見つけてみませんか？

幸福の科学では、大川隆法総裁が説く仏法真理をもとに、
「どうすれば幸福になれるのか、また、
他の人を幸福にできるのか」を学び、実践しています。

入会

大川隆法総裁の教えを信じ、学ぼうとする方なら、どなたでも入会できます。入会された方には、『入会版「正心法語」』が授与されます。（入会の奉納は1,000円目安です）

ネットでも**入会**
できます。詳しくは、
下記URLへ。
happy-science.jp/joinus

三帰《さんき》誓願《せいがん》

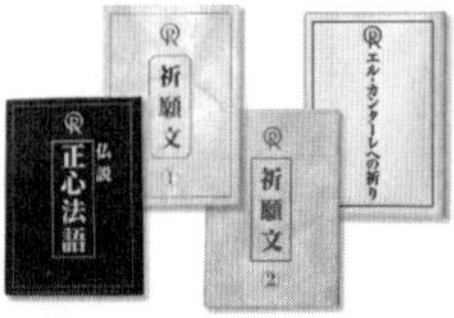

仏弟子としてさらに信仰を深めたい方は、仏・法・僧の三宝への帰依を誓う「三帰誓願式」を受けることができます。三帰誓願者には、『仏説・正心法語』『祈願文①』『祈願文②』『エル・カンターレへの祈り』が授与されます。

植福《しょくふく》の会

植福は、ユートピア建設のために、自分の富を差し出す尊い布施の行為です。布施の機会として、毎月1口1,000円からお申込みいただける、「植福の会」がございます。

「植福の会」に参加された方のうちご希望の方には、幸福の科学の小冊子（毎月1回）をお送りいたします。詳しくは、下記の電話番号までお問い合わせください。

月刊
「幸福の科学」

ザ・伝道

ヤング・ブッダ

ヘルメス・
エンゼルズ

INFORMATION	**幸福の科学サービスセンター** **TEL. 03-5793-1727**（受付時間 火〜金：10〜20時／土・日・祝日：10〜18時） 宗教法人 幸福の科学 公式サイト **happy-science.jp**